**本书的研究工作获得下列人才项目和科研基金的立项资助：**

广东省普通高校优秀青年创新人才培养计划项目资助（项目编号：WYM10084）

教育部人文社会科学研究青年基金项目资助（项目编号：10YJC40077）

语言服务书系·理论研究

# 现代汉语假设性虚拟范畴研究

罗晓英　著

暨南大学出版社
JINAN UNIVERSITY PRESS

中国·广州

图书在版编目（CIP）数据

现代汉语假设性虚拟范畴研究 / 罗晓英著．—广州：暨南大学出版社，2014.11
ISBN 978-7-5668-1275-9

Ⅰ．①现…　Ⅱ．①罗…　Ⅲ．①现代汉语—语法—研究　Ⅳ．① H146

中国版本图书馆 CIP 数据核字（2014）第 263868 号

……………………………………………………………………………………………

现代汉语假设性虚拟范畴研究
著　　者　罗晓英

出 版 人　徐义雄
策　　划　杜小陆　刘　晶
责任编辑　周玉宏
责任校对　龙　欣
出版发行　暨南大学出版社（广州暨南大学　邮编：510630）
网　　址　http://www.jnupress.com　http://press.jnu.edu.cn
邮　　编　510630
电　　话　总编室（8620）85221601
　　　　　营销部（8620）85225284　85228291　85228292（邮购）
排　　版　广州市天河区东棠尚诚图文快印服务部
印　　刷　佛山市浩文彩色印刷有限公司
开　　本　787mm × 960mm　1/16
印　　张　9.5
字　　数　160 千
版　　次　2014 年 11 月第 1 版
印　　次　2014 年 11 月第 1 次
定　　价　29.80 元

# 前　言

人们生活在复杂多样化的世界里，这个世界既有主观也有客观，既有现实也有虚拟。世界的主观、客观和现实、虚拟既是哲学问题，是逻辑问题，也是语言问题。然而不管是语言学界还是语法学界，却更多地关注于客观和现实的东西。而本书则力图深入探究虚拟范畴这一领域，在全面描写现代汉语虚拟范畴的定义、范围等基础上，采取意义和形式相结合的研究方法着重分析假设性虚拟范畴的语义系统和句法系统。

全书共八章。

第一章是绪论，明确了即将涉及的虚拟范畴等若干概念，并加以解释，详细阐述了研究范围和研究意义。同时，回顾了以往的研究状况，包括国外语言学界及国内汉语语法界对虚拟范畴的论述，指出以往研究的重点主要放在假设条件句上。

虚拟范畴的表现形式在复句和单句中都有所体现，其中最重要的是假设性虚拟范畴。第二章介绍了假设性虚拟范畴的基本情况，区分了可能假设和虚拟假设两种类型的假设句。第三、四、五章分别具体分析了典型假设句和非典型假设句。典型假设句以使用关联词的“如果”和“即使”句为代表，而非典型假设句则综合使用副词、固定结构等的表现形式。

第六章和第七章则探讨了与假设性虚拟有关的因素，主要包括时间标示词和否定形式。

语言对比是语言研究常用的手段。因此，第八章从语言共性和语言个性的角度将汉语和英语的虚拟范畴进行对比，并以具体的“要不是”

和“had it not been / were it not”为例。

最后的结语部分指出通过对假设这一“语义—句法”范畴的研究可以看出现代汉语的虚拟范畴是一种客观的存在，对它的研究具有理论意义和应用价值。然而，关于虚拟范畴，以往研究并不充分，本书也仅仅是一个粗浅的尝试。

至于本书采用的语料，除个别标明的以外，大都取自北京大学CCL语料库。

作　者

2014年8月

# 目　录


前　言　/ 001

1　绪　论　/ 001

1.1　有关虚拟范畴　/ 001

1.2　虚拟范畴的子范畴　/ 003

1.3　虚拟范畴的研究回顾　/ 007

1.4　虚拟范畴的研究意义　/ 012

1.5　本书的研究思路　/ 013

2　假设性虚拟范畴　/ 015

2.1　假设的定义　/ 015

2.2　条件、因果与假设　/ 016

2.3　假设的类型　/ 020

2.4　假设与逻辑关系　/ 025

2.5　假设句句法形式　/ 029

3　典型假设句（上）　/ 033

3.1　“如果”假设句　/ 033

3.2　“即使”句　/ 042

4　典型假设句（下）　/ 053

4.1　假设句语义关系　/ 053

4.2　其他常规假设关联词辨析　/ 062

5 非典型假设句 / 082
5.1 特殊的关联词语 / 082
5.2 句法手段 / 093

6 虚拟性假设与时间关系 / 096
6.1 现代汉语时间系统 / 096
6.2 时间标示词与假设 / 098
6.3 假设句前后项时间关系 / 106
6.4 “了”在假设句中的时体作用 / 111

7 假设性虚拟与否定 / 115
7.1 假设句否定形式 / 115
7.2 假设句前项否定词“没有”与“不” / 121

8 英汉假设句比较 / 126
8.1 英汉对比概要 / 126
8.2 英汉虚拟范畴对比 / 127
8.3 具体句式比较 / 133

结 语 / 137

参考文献 / 141

# 1 绪 论

## 1.1 有关虚拟范畴

语言与现实的关系，说得简单点就是语言反映现实。反映可以分为两个层面，词语层面和语句层面。例如，“马”这个词语就是现实世界中“马”这一种动物在语言上的投射。而“我吃了一个苹果”就是对现实中的“我”吃了一个苹果的客观事件的描述。同时，语言也是思维的载体。思维是人们认识现实世界时大脑加工的过程。思维不仅可以把握现实事物的本质属性和规律，而且可以在想象中建立现实中不存在的事物及其联系和规律。通过思维，人们还可以掌握直接感知领域以外的东西，也可以预见事物的变化发展进程，并通过语言表现出来，以至于语言中存在类似于“飞天马”和“我想明天起床后吃个苹果”之类的表现形式。以上这些，我们统称为“虚拟”。

虚拟，《现代汉语词典》（2005）将其定义为“不符合或不一定符合事实的；假设的”[①]，包括不符合事实的、假设的、主观幻想的、不真实的事物、行为以及性质等。它是人类一种较为普遍的思维活动。不管是艺术创造、科学创新，还是言语交际都离不开虚拟思维。而语言文字符号的虚拟是虚拟思维发展的一个重要阶段。它有以下几个特点:

### 1.1.1 体现了人类语言区别于动物交际的特性

人类语言具有移位性（displacement）。移位性指人类可以使用语言

---

① 中国社会科学院语言研究所词典编辑室．现代汉语词典，北京：商务印书馆，2005. 1536.

来谈论过去的事情、现在的事情或将来的事情；语言也可以用来谈论我们客观世界中的事情，或虚拟世界中的事情。总之，语言的使用可以脱离交际的直接情景语境，而不受语言时空距离的影响。而动物虽然有各自特定的表达方式，却不能表达虚拟的内容。例如，蜜蜂跳不同的“8”字形舞来表示食物所在的方位和距离，但是它们不能表达出某地某时可能在某种条件下会出现食物等信息。这种表达虚拟的内容只有人类才可以做到。这是人类作为生物发展到高级阶段的体现，也是人类语言丰富的表现力的一个重要体现。

### 1.1.2 不是哲学中的虚无，也有别于逻辑推断

哲学是人们思考世界各种问题的方式。“存在”和“虚无”是哲学上的两个对立概念。虚无是认识世界的一种方式，一种态度，与思维中的假想世界无关。逻辑学是研究思维的形式、结构、规律以及推理形式的科学。逻辑的有效性和逻辑真理在一定意义上是完全不依赖陈述或论证的事实的有效性或真实性的。推断的有效性只是依赖于这样的事实：如果前提是真实的，那么结论必然是这样的。语言形式中前提与结论的真实与否不是逻辑问题。

### 1.1.3 是一种范畴，一种“语义—句法”范畴

范畴（category）是指人的思维对客观事物的普遍本质的概括和反映，最早来自古希腊哲学家的认识。亚里士多德《工具论》一书中有专门的“范畴”篇。在其中，他论述了数量、性质、关系等思想对象的八种范畴。后来应用到语言学领域，出现了语法范畴（grammatical category）。语法范畴是在特定语言中执行相同或类似功能的一类或一组语法项目。例如，以原始印欧语为基础确立的性、数、格、人称、时态、体等带有明显形式标记的范畴类型就是语法范畴的一种。其实，对于构成语法范畴的两个要素——语法意义和语法形式来说，语法范畴首先体现为对一类语法意义的概括。而“虚拟”是语义的，却又不能脱离句法形式而独立存在，所以属于“语义—句法”范畴。

### 1.1.4 充分反映了语言的共性与个性

人类都具有虚拟思维的能力，而语言作为思维的外壳，必然也是这种思维的体现。然而，不同的语言却不一定用相同的语言形式来体现这一共有的范畴。

### 1.1.5 可以表现为各种语言形式

虚拟思维可以表现为各种语言形式，小到词汇，大至整个作品或言语；可以是单句，也可以是复句，甚至是句群、语段以至整个语篇。

### 1.1.6 它不同于外语语法教学中提到的虚拟语气（subjunctive mood）

每次提到虚拟范畴，大家最先想到的便是虚拟语气。虚拟语气是谓语动词的一种形式。在某些语言中，当表示一种假想的情况或陈述主观愿望时，动词需用特殊形式，称为虚拟语气。这只是语言的具体表现形式。

## 1.2 虚拟范畴的子范畴

语法是使句子合法组合的规则，抛开词汇层面的表现，虚拟这一范畴，具体到现代汉语语法中，有以下几个子范畴：

### 1.2.1 假设性虚拟

这是对条件的虚拟。即语句中提出的条件不是真实的，而是虚构的、假设的，是不一定符合事实的。体现在语句中就是假设句，包括一般语法研究中涉及的让步句、条件句的部分内容。假设，根据可能性，分为可能假设和违实假设。可能假设是指现在不是现实但未来有可能实现也有可能不实现的假设。例如：

①如果她能回来的话，保证我们的生活会很平静的。

违实假设是指违背已然事实的，即使将来都不可能实现的假设。例如：

②如果生逢其时，他本来可以像德帕迪厄那样成为令妇女既崇拜又恐惧的电影明星。

### 1.2.2 愿望性虚拟

这是对主观愿望的虚拟。参照假设的分类，也可以分为可能愿望和违实愿望。前者是可能实现的，只是实现的可能性有大有小。后者则是完全不能实现的。但不管能否实现，都是说话人希望发生的。例如：

③我希望能早点完成论文。

④我巴不得能成为一名宇航员。

例③中的愿望虽然比例④中实现的可能性大一点儿，但也不是必然会实现的。而例⑤中则是希望已然发生的事实不曾发生，是一种违实的愿望，是无法实现的。

⑤我希望我昨天没来过这里。

⑥我也巴不得自己没说过这话。

例⑤表示“我”昨天实际上来了这里，而例⑥则表明自己已经说了这话。

### 1.2.3 估测性虚拟

反映了人们认识客观事物的可能性的程度。在逻辑上，这是模态命题的一种，属于可能命题。可以用“可能”、“也许”、“大概”等模态词，也可以用“认为”、“以为”等表示主观判断的心理动词表示。例如：

⑦明天可能下雨。

例⑦表示明天有可能下雨，也有可能不下雨。

⑧我以为他不会来了。

例⑧表示实际上他来了，与我的判断相反。

### 1.2.4 修辞性虚拟

修辞是利用语言和思维的技巧来建构卓有成效的、具有独特表达力的话语方式的技巧，也可以说是增强语言表达效果的主要手段。包括“比拟类修辞”和“夸张类修辞”。例如：

⑨我的心像一只小鸟，从哨音里展翅飞出去，飞过迷朦的烟水、苍茫的群山，停落在故乡熟悉的大榕树上。

⑩石油工人吼一吼，地球也要抖三抖。（王进喜）

例⑨中“心像一只小鸟”是比喻；“心……展翅飞出去”、“心……停落在故乡熟悉的大榕树上”是比拟，把人当物（鸟）来写，属拟物。此句综合运用比喻和比拟的修辞方法，形象地描绘出作者的思绪跨越时空的喜悦。

石油工人的声音再大，也不可能让地球抖起来。例⑩是对石油工人英雄气概的扩大性描述。

这四种类型是根据虚拟范畴性质来区分的，它们都具有［+虚拟］或者说［-现实］这一语义特征。因此，已经成为现实的、客观存在的、符合事实的事物是不能进入它们的表现形式的。例如，太阳从东边出来是一个客观规律，没有人会有异议，因此，我们不能说：

⑪*如果太阳从东边出来，我就每天按时上班。

⑫*我多么希望太阳从东边出来。

⑬*你怎么没迟到啊，简直是太阳从东边出来。

⑭*太阳可能从东边出来。

但是我们可以说：

⑮如果太阳从西边出来，我就按时上班。

⑯我多么希望太阳从西边出来啊。这样，我家西边的房子就不会每天下午热得像蒸笼一样。

⑰你怎么没迟到啊，简直是太阳从西边出来。

因为，估测性虚拟是人们对可能性的一种认识，而太阳只能从东边出来，没有其他可能。因此，不但不能像例⑭这样说，也不能如此说：

⑱＊太阳可能从西边出来。

当然，上述例句中的“太阳从东边出来”描述的是一种自然规律，“太阳从西边出来”是与它相对的违实的说法，而不是对具体的会不会升起太阳的描述，与下面的例句是不一样的：

⑲如果太阳现在从东边出来，我马上就起床。

因为事实上有可能是阴天，太阳不会出来。

为了不同的表达功能的需要，不同性质的虚拟并不矛盾也不互相抵制。在实际的语言使用中，在相同的语言形式中，它们相互之间还有可能共现。例如：

⑳假如我是一只鸟，我也应该用嘶哑的喉咙歌唱。

它是假设性虚拟，同时也是修辞性虚拟。例如：

㉑我多么希望我是一只小鸟。

同时是愿望性虚拟和修辞性虚拟。例如：

㉒我要是一只小鸟就好了。

假设性虚拟和修辞性虚拟共现。例如：

㉓如果你还不抓紧的话，明天就可能完不成任务了。

同时是假设性虚拟和估测性虚拟。

以上这些都表达虚拟这一范畴，能共现于同一语句，由于功能的不同，在句法形式上还是有差别的。

假设性虚拟只能表现为复句或紧缩复句。而愿望性虚拟、估测性虚拟和修辞性虚拟主要用于单句，也可以用于复句。在形式上这是假设性虚拟的最大特点。出于时间和篇幅的限制，本书只讨论假设性虚拟范畴及其句法形式，也涉及修辞性虚拟，至于愿望性虚拟与估测性虚拟有待以后讨论。

## 1.3 虚拟范畴的研究回顾

虚拟是人类一种较为普遍的思维活动和语言现象，也是语义范畴的重要组成部分，具有哲学、逻辑学、语言学和认知科学的多重研究意义。国外的语言学界和语法学界对于虚拟思维及其语言表现非常重视，近三十年来涌现出了大量的专著和论文，主要集中考察时态、语态、词素和虚拟条件句是如何标记的。其中影响比较大的有：David Lewis（1973）的“可能世界”的逻辑和虚拟语气系统的关系；Sabine Iatridou（2000）从时态、语气和词素三个方面详细分析反事实条件句的语法成分（语言结构）和语用功能；Sweetser（1996）从空间内嵌（space embeddings）的角度分析虚拟条件句的语义。Bloom（1981）从实证的角度考察了不同语言的人们对虚拟的运用；Fauconnier（1996）分析了人们理解语篇中类比性虚拟话语时所进行的空间映射和复合的认知操作过程。

国外的理论研究开展得如火如荼，然而国内却没有系统的论述，汉语虚拟范畴的研究主要见于以下两个方面：

### 1.3.1 传统语法

传统语法对于虚拟的研究主要集中在假设复句中。最早提到假设之词的是一百多年前的语法著作《马氏文通》。马建忠在其中说道：“言效者，则假设之读乃其效之因也。…… 拟议设想者，皆以言事之未定，而或假设其事以观其效之有无或理之相背也。”①而后各家语法对假设都有多种论述或者争论。论述主要从这几个方面展开：假设句的定义，假设句的句法语义关系以及假设句的联结词。如黎锦熙（1924）、王力（1943）、赵元任（1979）、吕叔湘（1982）、王维贤（1985）、邢福义（2001）等都对此进行过讨论。而假设句的定义以及与因果句、条件句的区分是争论的焦点。吕叔湘是最为详细地论述条件句的定义和形态的。假设句的定义首先应强调的是一种条件，但是它与条件句的区别是：假设是虚拟的条件。假设句应该定义为条件与事实相反的或还没有发生的条件句。王维贤（1985）则反对假设所反映虚拟条件的必然性。他认为虽然假设往往同叙述的内容是否已经实现或已经证实有关系，但并不是所有假设句中的 X 都是未经实现或未经证实的，更不能反过来说，凡是 X 小句为尚未实现或未证实的复句都是假设句。对于具体的假设句研究，都是以“如果”句为典型范例。另外还有一类句子也有假设的含义，那就是通常所说的让步条件句，通常以“即使”句为代表句式，语法著作和语法教材中也有诸多提及，但重点放在了语义分析和形式描写上。这一方面比较有创造性的是吕叔湘的《中国文法要略》和王维贤的《现代汉语复句新解》。前者从意义入手，提出了虚和实这一对语义范畴，并对其表现的形式进行归纳、分析和总结；后者则运用了逻辑学的概念，详尽细致地分析了条件句、假设句等若干句式的结构、语义和内部蕴涵关系。

与假设句研究相比，主观愿望句和估测句受到的关注要少得多。基本上没有文献专门对其加以论述，若干分析只是散见于不同的语法著作中，其中最为重要的是王力的《中国现代语法》和吕叔湘的《中国文法要略》。这两本书都力图摆脱印欧语系的研究框架，探索汉语自身的规律。《中国现代语法》在句法结构的分析上有不少创见，对于

---

① 吕叔湘，王海棻．马氏文通读本．上海：上海教育出版社，1986. 698.

后来的语法研究有相当大的影响。在其第二章“造句法（下）”第十节便提到了“能愿式”，其中这样定义：“凡句子着重在陈说意见或意志者，叫做能愿式。凡意愿之表示可能性，必然性或必要性者，叫做可能式。凡能愿式之表示意志者，叫做意志式。”[①]可能式是对于事情的可能性、必然性、必要性等加以判断或推测的语言形式，不在虚拟范畴概括之内，只有能愿式中的意志式才等同于主观愿望句，因为它往往叙述的是一种未成的事实。主观愿望句主要由主观愿望动词表示。如“希望、要、想”等。至于修辞性虚拟范畴，基本上归入了修辞学和语用学的研究范围。

值得关注的是在《肯定和否定的对称与不对称》中，石毓智的重点在于讨论汉语语法中的肯定结构与否定结构，却也明确指出对不符合事实的、假设的、主观幻想的以及不真实的内容进行表述的句子是虚拟句，可以用条件句、假设句、意愿句、疑问句等加以表示，同时他从肯定和否定的角度分析了现实句与虚拟句的句法对立，并提出了在现实句中不能成立但在虚拟句中可以存在的语言形式。

### 1.3.2 方言语法

方言语法研究是近年来兴起的研究领域。虽然时间较短，但是也有人已经关注到了虚拟这一研究范畴。邢向东在《陕北晋语语法比较研究》（2006）中独列了“虚拟范畴”一章，按照意义把虚拟语气分为愿望、假设、犹豫、纵予四种类型来作为考察陕北晋语的手段。在所有的汉语语法著作中，此书第一次提出了“虚拟范畴”这个概念，并且把它作为一个独立的视点进行研究。钱乃荣《上海方言中的虚拟句》（2004）指出了上海方言中陈述语气和虚拟语气在句法形式上的对立，考察了虚拟形式在老上海话中的种种表现以及其在新上海话中的变化。除此之外，还有人论述了祁阳方言中的虚拟句，并把它同英语相比，

---

① 王力．中国现代语法．北京：商务印书馆，1985. 68.

认为除了与英语时态相同的三种形式外，还有更多的形式，如可表达愿望、假设、建议、命令、要求、条件、疑问等。

### 1.3.3 语言对比

语言对比主要是英汉条件句的对比。英汉条件句的比较主要分为两种类型：一种是从文化和思维的角度进行研究。开创者是 Bloom（1981），他对本族语者假设句之语言直觉的考察反映出的中西语言思维差别作了重要的分析。他提出由于汉语不像英语、法语等西方语言那样有虚拟式这一标志反事实思维的明确语言形式，讲汉语的人在进行与事实相反的推论时会遇到困难。最早作出反击的是一位美籍华人 Terry Kit-fong Au（欧洁芳）。她在设计并实施了五次实验后得出结论：Bloom 的观点是完全错误的。只要用的是地道的汉语，成熟的汉语使用者具有与英语使用者同样的反事实思维能力。只是反事实思维在汉语中的表现形式比较灵活多样罢了。他们的争论纠缠于实验的具体操作方式、语言材料的地道性等，却没有从语言分析入手，更进一步地分析两种语言在语言形式结构上的差异。在 Bloom 与 Au 的论战之后，很多亚裔学者纷纷发表研究报告，支持 Au 的观点。其后，最为突出的是哈佛大学的吴信凤。她以“汉、英反事实思维”为题，撰写了她的博士毕业论文（1990）。她的研究以 559 名中国学生和 124 名美国学生为被试者，再次验证 Bloom 和 Au 的研究。作者认为，反事实语言标记对思维没有影响。此外，作者还用定性方法分析和比较了汉、英反事实思维在使用的频率、话题、功能以及语法特征方面的具体差异。

国内比较关注这场争论的是邵京等。邵京在《语言差别与思维差异——汉英反事实假设研究综述》（1988）中比较详细地介绍了这方面研究的情况。

另一种类型的对比研究是从语言本体出发的。如陈国华（1988）和蒋严（2000）。陈国华在《英汉假设条件句比较》（1988）中首先采用了 Quirk 等人在《英语语法大全》中对英语假设条件句的描述，然后举出大量例句表明：汉语中存在确定的形式标记假设条件。最后，他提出汉语有不带语法标记的假设条件句，而英语同样也有这类句子。蒋严《汉语条件句的违实解释》（2000）择要介绍了当代西方语言学界对印欧语系条件句的研究成果，考察了汉语违实条件句的特性，并讨论了有关的语用机制。他反驳了Bloom的语言相关论的观点，认为印欧语系并无违实语法标记，违实语义是一个语用解释问题，印欧语系与汉语之间在这个问题上并不存在质的区别。除此之外，还有的研究则是从英汉翻译和语言教学的角度出发的，例如徐李洁的《英汉条件句：if与“如果”和“如果说”》（2004）等，在此不再一一论述。

虽然目前学术界的研究涉及现代汉语虚拟范畴的笔墨不算少，却有其局限性。存在的问题主要有：

（1）虽然虚拟范畴反映了人类思维的特点，在语言形式上也有所体现，却鲜有人把它作为一个独立的考察内容。论述表达虚拟概念的假设句、条件句等的研究有很多，却只提假设，不提虚拟。即使有人提出虚拟范畴这一说法，其体系也是建立在西方语言分析的框架内的。

（2）大都是从形式入手来分析语义。邵敬敏（2000）指出，对语法范畴的研究，“既可以从语法形式入手，去寻找所表达的语法意义，也可以从语法意义入手，去探求语法形式的表现手法”。“一般地说，从形式到意义，这是语法研究的通则。因为形式往往带有一定的外部标志，比较容易发现；而意义则往往是隐含的、潜在的，比较难以被发现。但是对汉语来讲，由于形态变化不多，语法形式的外部标志少而不明显，因而相对地说，语法意义的差异似乎更容易被察觉。”因此，从语法意义入手结合形式来研究汉语语法应该是更为适合汉语特点的方式。早在20世纪40年代，吕叔湘就作了关于汉语语法范畴和语义关系体系的摸索。在“范畴论”中他建立了“数量”、“指称”、“方所”、“时间”、“正反—虚实”、“传信”、“传疑”、“行动—感情”等11种，而在“表达论”中则建立了包括“离合—向背”、“异同—高下”、“同时—先后”、“释因—纪效”、“假设—推论”、“擒纵—衬托”等语义关系。虽然可以说他开创了汉语语法研究的新局面，但是建立的系统还不是很完善，而且后继乏人。

（3）关系处理不好。语义类别分析不够，相互之间纠葛，分析不清晰。重形式的描写，缺乏理论的解释。虽然语言事实的罗列多，却甚少理论的提升和解释。一方面，语法研究要对语言现象作出充分而恰当的描写，另一方面，更要对语言现象作出充分而且合理的解释，做到了解释的充分性才能实现语言研究的最终目的。

从以上研究概况中可以得出，关于汉语中反映虚拟范畴的条件句及主观愿望句等多是就事论事，即使是从语义入手，如吕叔湘等人，也大部分是举例的性质，缺乏整体的概括和系统的结论。不管是语言本体的研究，还是应用研究，在现代汉语的虚拟范畴的研究方面都还有很大的未知领域。

## 1.4 虚拟范畴的研究意义

本研究具有多重意义：

（1）作为人类语言与认知系统中众多范畴的重要组成部分，虚拟范畴研究具有非同寻常的意义，值得更进一步地研究和探索。而且对它的研究还可以帮助深入了解人类语言的本质。

（2）虚拟范畴研究是语义语法研究的一个重要组成部分。当人们认识到许多句法现象不单纯是语言内部因素造成的，而是受诸多外部因素的影响时，就开始了对语义的重视，寻求语义对句法的决定作用。

（3）虚拟范畴在人类语言中具有普遍性，但是由于不同民族思维方式的不同，表现形式也有所差异，它充分反映了语言的共性和个性，对它的研究可以有利于语言类型学和人类语言发展及谱系的构建。

（4）虚拟范畴也有很高的应用价值。对于语言本体的研究不仅是为了语言本身，也是为了能有利于语言教学研究。尤其是对外汉语教学，由于虚拟范畴在不同语言中的表现形式不同，这就会给第二语言学习者带来理解和习得上的困难。而对虚拟范畴进行深入的分析和解释能有助于解决理解和掌握上的困难。

（5）随着计算机学科的蓬勃发展，关于自然语言的信息处理和机器翻译的应用研究方兴未艾，汉语是研究者们的重要攻关对象。汉语是表意性很强的语言，而虚拟范畴又具有很高的抽象性和代表性，是必须解决的一个课题。对它的研究如果没有突破，就会制约语言信息处理等应用学科的发展。

## 1.5 本书的研究思路

本书力图从以下几个方面进行探索：

第一，从研究对象来说，虚拟与现实，是事物的两种对立，吸引了哲学界的广泛关注，而语言学界却对现实和非现实的对应关系没有足够的重视。以往缺乏关于虚拟范畴的专门研究，对于虚拟范畴的句法表现形式——假设句等也缺少专门的研究，仅仅散落于复句研究中。

第二，从研究方法来说，中国传统语法比较注重语义的研究，但是由于西方语言学理论的影响，汉语学界的研究重点转向了形式分析。而近年来，从胡裕树、范晓的三个平面理论到马庆株的语义功能语法，再到邵敬敏的语义语法理论，都重新确认了语义研究的价值。其中，语义语法理论研究更是希望通过建立汉语的语义系统，丰富其中的语义范畴，从而建立起现代汉语语义语法的整个框架，具有非常重大的意义，而本研究探讨的就是语义范畴中的重要组成部分——虚拟。这已不是从复句入手的形式研究，而是建立在语义语法的理论框架的基础上，从句法内部语义关系入手，从语义分析到形式证明这样一条研究之路。

第三，从研究内容来说，本研究重点放在前后分句的语义关系上。对于假设复句的研究，以往学者都是着重研究关联词的标记作用。但是，由于关联词功能的多样性，在划分不同种类的句式时很容易造成混淆，并且语义分析采用“单视点”，以至于无法准确揭示其语义关系。我们运用语义双向选择的理论，具体分析前一分句和后一分句之间互相制约的关系，以及对句法语义造成的影响。本书还运用了时、体的概念，这在现代汉语语法研究中是比较有争议的概念，因为大家已经普遍接受了汉语没有严格意义上的形式标记的观点，而忽略了汉语中丰富的表达手段后可能隐藏的时、体特征。我们希望从新的视角，对此重新进行审视。

# 2　假设性虚拟范畴

## 2.1　假设的定义

我们把所有目前还没有成为现实的情景，都可以叫做“假设”。所谓假设，实际上有两种理解：

（1）暂未实现，姑且认定的。虽然目前不存在，但是完全有可能出现或存在。特别是在科学研究中，“假设”是必不可少的，没有了“假设”，那么科学就失去了原动力。例如：

①有位专家假设出这样一组简单的情景：某甲识破商家柜台中有假货，便对商家说……

②英国科学家最近提出假设，认为性吸引力是原始人体毛消失的基本原因。

③科学研究中的猜想，也就是科学界常用的假设、假说。

④人行道上排污井的井盖没了，我们假设它是被人偷走了，而后使一个儿童不慎坠井身亡。

⑤如果没有不同意见，自己也要假设一个对立面、一个“反对派”。

（2）不符合事实的，即完全不存在的，过去不存在，现在不存在，将来也不会存在。只是由于说话的需要而临时虚拟出某种情景。例如：

⑥我们也不妨作个假设，如果于志安、李邦福不是国有企业的领导而是个体户老板……

⑦所有善良的假设、心存的侥幸、美好的幻觉都无法改变严酷的

事实：杨南已被拐卖到……

⑧打个不恰当的比方，假设信息高速公路是条路，电子出版物则是这条路上通行的最重要的车。

假设，是人类一种比较普遍和常用的思维活动。具体体现在语言文字中，主要表现为假设句的形式，是现代汉语虚拟范畴的一个重要组成部分。汉语语法研究对其向来比较重视，早在一百多年前的语法著作《马氏文通》就提到了假设之词。虽然对假设句的研究层出不穷，但还是有不少问题亟待解决。

## 2.2 条件、因果与假设

在给假设句下定义的时候，区分假设、因果与条件是个难点。所谓“条件”，《现代汉语词典》定义为“影响事物发生、存在或发展的因素”，可见，某种条件必然产生某种结果。至于“原因”，则被定义为“造成某种结果或引起某一件事情发生的条件”。而“假设”，既然作出假设，就引出某种结果。正因为“条件”、“原因”与“假设”都可能产生某种结果，因此假设句、条件句和因果句就容易弄混。搞清楚他们三者之间是怎样的交叉关系，是给假设正确定义和划界的关键。

（1）有些人从因果的角度看假设，认为假设是原因的一类。马建忠在《马氏文通》中说道：“言效者，则假设之读乃其效之因也。……拟议设想者，皆以言事之未定，而或假设其事以观其效之有无或理之向背也。”黎锦熙也有着类似的观点。他认为假设句“即假定的原因句：或是本来确定的因果律，或是虚拟的条件，或是推想的预言，乃至浪漫的假想，都可以用假设的语气表示出来，成为一个从句”[①]。

（2）有些人则把假设和条件综合起来，认为假设是条件的一类。

---

① 黎锦熙．新著国语文法．北京：商务印书馆，1951. 292.

王力先生在《中国现代语法》"造句法（上）"里提到了复合句中的一种形式：条件式。"条件式，是拿某一个条件来修饰一个叙述，一个描写，或一个判断的。有些事情是等待另一件事情发生，或不发生，然后能实现或不实现的，这另一事情就是一种条件。把相待的两件事同时说出来，表示此事必赖彼事而后实现，或不实现，这叫做条件式。条件式的从属部分虽多系指未实现的事实，但也可以是既成事实的反面。意思是说，假使在某一条件之下，事情就不会像现在这样了。"①

（3）也有不少人把假设、条件、因果作了区分。吕叔湘在《中国文法要略》"表达论"中论述道："'要是怎么样，就怎么样'，这是假设的句法：第一小句提出一个假设，第二小句说明假设的后果。后者是否成为事实，视前者为转移，也可以说是以前者为条件，所以这种句法也可以称为条件句。普通说到'条件'都是指可能实现的事情（未知的，且多数是未来的），要是明明和已知的事实相反，就只能说是假设。"② 林裕文也把条件和假设看做属于不同层次的意义，认为"假设同条件是从不同的角度说的。所谓假设，是指叙述的内容尚未证实；所谓条件，是指分句与分句之间的一种关系。表示假设的句子往往有条件的关系，表示条件的句子常常也就是一种假设"③。但这里仍没有讲清楚。条件中有假设，假设中有条件，似乎只是角度不同而已。邢福义区分得更为细致，他根据分句与分句之间的关系区分假设句和条件句，并把这类复句归入因果类复句。他提出："假设句（"如果……就……"）是根据某种假设来推断事物之间的因果关系的复句；条件句（"只有……才……"）是根据某种条件来推断事物间的因果关系的复句；而条件假设句（"只要……就……"）是根据某种条件来推断事物间的因果联系，同时又有明显的假设意味的复句。"④这种区分

① 王力．中国现代语法．北京：商务印书馆，1985. 59.
② 吕叔湘．中国文法要略．北京：商务印书馆，1985. 408.
③ 林裕文．汉语知识讲话．上海：上海教育出版社，1987. 36.
④ 邢福义．复句和关联词语．哈尔滨：黑龙江人民出版社，1985. 52.

实际上是将关联词作为唯一判断标准并且没能触及句子的内部语义关系。

可见，关于区分假设、条件、因果这三者的标准的论述众说纷纭，没有定论。就连吕叔湘都承认："因为条件和假设可以有这种种不同的区分方法，我们索性不去分别，把这种种句子总称为假设句，把假设之辞称为条件，假设的后果简称为后果，两者之间的关系称为条件关系。"[①]然而，我们既然要对假设作深入的语义和句法形式分析，就必须把它的内涵和外延明确下来，而最直观的手段，就是从具体的语言形式入手。因为"如果"可以导入条件句，也可以导入假设句。因此，我们首先就必须对它进行分化。例如：

①反过来，一个优秀的中学教师，如果他不研究、不了解小学生的心理特点，让他去教小学，同样是教不好的。

②退青是稻苗生长的正常现象，如果不及时退青，就会徒长。

③白蚁肠内的鞭毛虫帮助白蚁消化木材纤维，白蚁给鞭毛虫提供养料，如果分离，二者都不能独立生存。

这些例句通常都由被认为是最典型的假设连词"如果"引导，前项提出条件，与能否实现无关，强调前项是后项的条件。说话者往往是从非常客观的角度对某一问题提出看法，即对某种条件造成某种后果进行客观描述，常常用于说明文等文体。因为所描述的客观情况，是很确定的"条件—结果"关系，它并不依赖于一定的时间关系存在，所以，例句中不能补足时间词。而且，正因为它描述的是很确定的"条件—结果"关系，所以可以用另一个关系词来替换，也并不会影响句子的逻辑关系和语义。而这个词就是表示因果关系的关联词"因为"，"因为"是不含有假设义的。以上例句可以改写为：

②*退青是稻苗生长的正常现象，因为不及时退青，所以就会徒长。

---

① 吕叔湘．中国文法要略．北京：商务印书馆，1985. 408.

但是，用“如果”导入虚拟假设时则不可以用“因为”来替换“如果”。例如：

④我想，如果树能说话，一定是这个声音。

⑤如果那一天我带了书包，说不定会遭到检查。

⑥如果见到千代子，你说我一直惦记她！

以上例句都不能替换为：

④*我想，因为树能说话，一定是这个声音。

⑤*因为那一天我带了书包，说不定会遭到检查。

⑥*因为见到千代子，你说我一直惦记她！

因此，我们倾向于把广义的条件句分为客观条件句和虚拟假设句。从上文的分析可以明确客观条件句和虚拟假设句的区别。虽然假设中可能包含条件，但是这种条件不是真实的，而是虚拟的。

狭义的条件句是客观的，句中的条件和结果是不依赖主观意识存在的。正因为如此，句中不会出现特指的代词或名词，只会是泛指，如例①。虽然句中出现了代词“他”，但“他”不是特指某一人，而是泛指优秀教师。同时也不会出现特指的时间词语。例如：

⑦在一个面内任意取两点连成直线，如果直线上所有的点都在这个面上，这个面就是平面。

⑧在说明物体运动状态时，如果不考虑物体的大小，认为物体只是具有质量的点，这种点叫做质点。

⑨在一个三角形中，如果两条边相等，它们所对的角也相等。

⑩如果温度增高则寒暑表的水银柱上升。

⑪如果舌下神经发生障碍，舌头就会麻痹，不能说话。

⑫如果光源在焦点上，所发出的光经反射后就形成平行的光束。

从情况发生的可能性上看，条件句是必然的，用逻辑学的话来说，就是条件句的分句之间都具有严格的蕴涵关系，如例⑩、⑪、⑫，而假设句不一定都是必然的，有时只是一种可能，如例⑬，有时甚至连可能性都没有，如例⑭、⑮。

⑬而我自己也有心理准备，如果在未来找不到终身伴侣，我也不怨叹。

⑭如果我有双羽翼，也该从窗口飞上枝头了。

⑮如果你从小弹钢琴，现在肯定可以开独奏音乐会了。

客观条件句重在表述条件，没有虚拟性，因此应该排除在虚拟范畴的研究范围之外。

## 2.3 假设的类型

根据上述关于“假设”的定义，我们可以把假设分为两种类型：“可能假设”和“违实假设”。

A. 可能假设是指假设前项是未知或未然的，这也有两种情况：

A1. 前项引进的情况是属于还没有证明的或者未知的。这种假设的性质与时间状态无关。所谓“未知”，在时间上可以指向现在或者过去，也许已经发生，也许没有发生，总之对说话人来说，属于未知数。其后句往往是一种猜测，常常用疑问句来表示。例如：

①如果小猫昨晚没有回家，那它可能会跑去哪？

②如果他现在已经到了上海，那我们怎么办呀？

③要是下雨了，我得去收衣服。

例①表示说话人不知道“小猫”昨晚到底有没有回家，这里只是作为一种假设提出来，并且希望别人作出推测。例②表示说话人不知实际情况到底如何，“他”是否已经到了上海。例③表明“我”在房间里说这句话，不知道到底下雨没有。

A2. 对未然的假设，也就是对将来的假设。将来不是现实的，将来的事情都是还没有发生的，所以预测将来一定是一种假设。句中常有表示将来的时间词“将来”、“以后”、“日后”、“明天”等，如例④～⑦；也可以出现在上下文中，如能愿动词“要”和有将来意味的副词“再”、“将”等，看出假设情况实际上还没有发生，如例⑧、⑨、⑩、⑪。当然，时间提示词也可以不出现，但是可以根据上下文情景推断出来，如例⑫的后句就是祈使句的形式，表明情况还未发生。

④如果将来要修复圆明园的话，老黄的意见也许可以考虑，但也只能考虑一下。

⑤我们把范吉射接到齐国政治避难，如果将来晋国政局有变化，他就是我们手里的一张牌。

⑥上车以后你先找到座位坐下，如果没有熟人，我就坐到你身旁。

⑦日后如果有人提起他的恶作剧，他多半会否认。

⑧如果再煮糊了，晚上就没有东西吃了。

⑨阿苗甚至扬言要分家，如果公公执意要娶桂凤的话……

⑩如果退下来的老同志都要回去，那，那，那不就乱了吗？

⑪如果克林顿连任总统，美国的外交政策和对华政策都将延续下去。

⑫如果见到千代子，你说我一直惦记她！

B. 违实假设，指假设的情景不是真实的，是说话人和听话人都明白完全不可能实现的，人们的经验和认知使得我们具有这样一种判断力。违实假设比可能假设的虚拟性更强，它又可以分为以下两类：

B1. 违背常理假设。这又可以分两个小类：

B1.1. 表示假设的情况是绝对不可能实现的，如果实现，显然违背了自然规律，常常表现为时间上的逆向发展。比如死了就不可能复活；如果真的复活了，那他就根本没死。

⑬如果历史倒退20年，我也许会去当兵。

⑭他父亲一世英勇，从来没有落在人下，如果地下有知，岂不要气死？

⑮每每遇到朋友相邀做点“前卫”之事，我便回答：假如我再年轻 10 岁，我一定……

B1.2. 表示假设的情况也是绝对不能实现的，如果实现，则违背了自然界的特性。常常表现为自然属性和类别的跨界。

⑯百姓人家能有咬金这样的儿子应该是福气了，王贤木如果九泉有知定会心满意足。

⑰它们如果有记忆的话，就会互相叙说以前的那场劫难。

⑱我如果是一盏灯，这灯的用处便是照彻那多量的黑暗。

⑲提起虫豸之类，六楼上苍蝇几乎绝迹，蚊子少许有两个。如果它们富于想象力的话，飞到窗口往下一看，便会晕倒了吧？

⑳如果我是你，我一定会跟那个混蛋拼命的。

认知常识告诉我们，鱼是不会有记忆的，蚊子是没有想象力的，我不可能是一盏灯，也不可能变成你。（童话、神话里也许可以，但那本身就是一种虚拟性文学体裁，不在我们讨论范围之内）。说话之所以要采用这样明知不可能实现的虚拟情景，其目的常常就在于要加强后项的真实性，不但带有夸张的口气，而且也是把事情说到极端。因为在说话人看来，常规的说法可能还不足以说服对方，所以引进虚拟的、完全不可能的情景来加强语势。后句中往往出现“一定”、“会”、“便是”等词语来显示这种必然的语势。

B1 的虚拟含义最为突出，即使没有任何形式上的标记，单单是从“如果”分句表达的内容就可以判断出其违背事理之处。可以用一种比较简单的方式把这种违背事理的类型划分出来，即去掉句子中的引导词“如果”，该部分就不成立了，因为其违背了人们的基本常识和认知判断。当然，如果被当成运用了修辞手段的比喻句就另当别论了。例如：

⑬ * 历史倒退 20 年……（世界都是向前发展的，历史不可能倒退

20年）

⑯＊王贤木九泉有知……（人死了就不会有知了）

⑰＊它们有记忆……（很明显，它们指的是鱼，鱼是不可能有记忆的）

⑱＊我是一盏灯……（我只可能是人，不可能是一盏灯）

B2. 假设违背事实之事。

如果事实是这样，但是我们偏偏引进与事实违背的另外一种不同的，甚至是相反的情景，这显然也属于一种虚拟。它也有两个小类：

B2.1. 没有时间差异，即应该是现在时，只有事实与前项引进的相反情景的区别，所以一般没有明确的时间词。但是为了表现与现在事实相反，必须用强调式，分肯定和否定两种。否定式是用“不是”、“没有”等否定词表示。肯定就是用“是”强调式，虽然是肯定形式，但是“是”所强调的内容与实际情况相反，其实也是另一种否定。例如：

㉑严班长的脸红得要冒血，如果不是握着竹篙，他的拳头一定捏得崩响。（严班长手里一定是握着竹篙）

㉒如果这围墙没有倒的话，谁也不会想到要在上面安漏窗，栽玻璃。（这围墙肯定倒了）

㉓如果是白天，各自的狼狈相一定会令他们相互吃惊的。（发生的时刻一定是夜晚）

㉔如果没有书，我们至今还将在黑暗中摸索……（现在我们有书）

以上例句虚拟的意味也很强烈，因为假设的是与事实相反的情况。用与现实生活完全不同，甚至相反的虚拟情景，实际上包含这样一个目的，那就是要说明这样的虚拟情景，可能会带来某种不同的结果，甚至于严重的后果。句子后面部分常常有推测性的词语“一定”、“也许”、“要”等等。

B2.2. 违背过去事实的假设，引进的是过去时。可以看出为了表达出其与过去事实相反的语义，这一类假设在语言形式上会有明确的标记。句子中常常出现表示过去的时间名词和时间副词。例如：

㉕如果自己早一点见到"小李白"就好了。(自己没有早一点见到"小李白")

㉖刚才我们如果冲上城去杀了赵鞅，那就什么事都没有了。

㉗上海人聪明，素质好，如果当时就确定在上海也设经济特区，现在就不是这个样子。

㉘如果当初我偷了邻居的东西你不是夸奖我，而是责备我，让我明辨是非，那么……

㉙如果昨天夜里能叫来出租车，它是连这一宿也不会住的。（事实是昨天夜里没能叫来出租车）

㉚我就深深的后悔起来，如果当初我制止，那姑娘即便被迫无奈回到生产队，也不会落到这处境。

㉛如果那一天我带了书包，说不定会遭到检查。（那一天"我"实际上没带书包）

其中，"那一天"、"昨天夜里"、"早"、"刚才"、"当初"等即一种时间标志，说明这里假设的是过去没有发生的事情。例㉕～㉘的后句说的是某种比较好的结果，这样就映衬出客观现实的严重性，例㉙的结果无所谓好还是不好，例㉚、㉛的后句则显示出一种不好的或者是严重的后果。

B1 和 B2 都是明显的反事实的假设。B1 假设的是违背事理之事，从人一般的常识而言，便可知所假设事情之假，因此完全没有加以形式上的标记。而 B2，是假设的已然之事，既然是假设，如果假设的是过去之事，必然与事实相反，不然就不叫假设了，而只是对事实的陈述而已。因此，句子中用时间词明确地标明了是过去之事，不会给听者造成理解上的困难。而假设现在之事，虽然不一定有时间词，但是会采用强调式的形式来提示其与真实情况相反。

## 2.4 假设与逻辑关系

假设，从逻辑上看是一个假言命题。假言命题是断定事物情况之间条件关系的命题。假言命题中，表示条件的肢命题称为假言命题的前件，表示依赖该条件而成立的命题称为假言命题的后件。假言命题因其所包含的联结词的不同而具有不同的逻辑性质，可分为充分条件假言命题、必要条件假言命题和充分必要条件假言命题。

假设句既可以是充分条件假言命题，也可以是必要条件命题或者充分必要条件命题，但不是所有的假言命题都是假设句，其中有一部分是一般的条件句。而且由于自然语句与严格的逻辑形式并非一一对应的关系，根据假设句中条件的性质和语义内涵，结合逻辑分类，可以把假设句划分出以下几种类型：

### 2.4.1 充分条件

从逻辑上说，充分条件假言命题指前件是后件的充分条件的假言命题。例如："如果你骄傲自满，那么你就要落后。"充分条件假言命题联结词的语言标志通常是："如果……那么……"、"只要……就……"、"若……必……"等等。充分条件假言命题的逻辑公式是：如果P,那么Q。逻辑上则表示为：$P \rightarrow Q$(读作"P蕴涵Q")。P是Q的充分条件是指：有P必有Q，但无P未必无Q（因而无Q必无P，有Q未必有P）。确定一个充分条件假言命题的真假与判断假设句的虚拟情况不同，它关心的是前后件的推断关系。例如：充分条件假言判断"如果严重砍伐森林，那么就会水土流失"，只有在"严重砍伐森林但水土没有流失"的情况下才是假的，在其他情况下都是真的。又例如：在"如果马克思主义害怕批评，那么，马克思主义就不是真理了"这个充分条件的假言命题中，它的前件"马克思主义害怕批评"和后件"马克思主义就不是真理了"都是假的，但是这个假言命题却显然是真的，因为它的前后件之间确实存在着充分条件的关系。因此，一个从逻辑上来说是假的假言命题并不等于语句中的假设，人们在实际语言中，并不只是考虑其前后件的真假关系，同时还必须考虑其前后件之间在内容上的联系。而我们考虑的则是前后部分的真实性。通俗点说，前行分句说的是充足条件，不满足这个假设的条件，就会产生后续分句说出的结果，但也不排斥其他条件，分句之间是“充分条件—结果”关系。例如：

①只要他爸爸点头，进他们军的文工团应该没问题，回头我再帮你问问——你琵琶弹得怎么样？（他爸爸可能点头，也可能不点头）

②咱们的工作条件也稍微差点，可是我王某人跟大家保证，只要大家能够按时交货，我王某人一定，我保证……（大家按时交货不是一种必然，可能交不了，也可能交得了）

③只要你再给我三年，把你最好的三年给我，三年之后我就让你走，跟你离婚。（“你”不一定再给“我”三年）

### 2.4.2 必要条件

必要条件假言命题是指前件是后件的必要条件的假言命题。所谓前件是后件的必要条件是指：如果不存在前件所断定的情况，就不会有后件所断定的事物情况，即前件所断定的事物情况的存在，对于后件所断定的事物情况的存在来说是必不可少的。如：“只有深入生活，才能深刻地反映生活”；“不具备一定的专业知识，就不能做好工作”都是必要条件假言命题。表达必要条件假言命题的联结词有“只有……才”、“不……(就)不……”、“没有……没有……”等。必要条件假言命题被表述成如下形式：只有P，才Q。逻辑上则表示为：P←Q（读作P反蕴涵Q）。P是Q的必要条件是指：无P必无Q，但有P未必有Q（因而有Q必有P，无Q未必无P）。例如：必要条件假言判断“只有年满18岁，才有选举权”，只有在“未满18岁但已有了选举权”的情况下才是假的，在其他情况下都是真的。必要条件假言推理也相应有两条规则：①否定前件就要否定后件，肯定后件就要肯定前件。②肯定前件不能肯定后件，否定后件不能否定前件。运用到假设句中，前行分句说出的是必要条件，不满足这个假设的条件，就不会产生后续分句说出的结果，分句之间是“必要条件—结果”关系。例如：

④中国女排今年面临着亚洲锦标赛和世界杯两大赛事，只有夺得亚锦赛冠军或进入世界杯赛前三名，方可取得进军亚特兰大奥运会的通行证，否则，只有参加落选赛。（中国女排不一定能夺得冠军或进入前三名，因此，不一定能取得进军奥运会的通行证）

⑤除非苏秋水当连长，才能带好这批以“小皇帝”为主体的新兵。（苏秋水当连长是带好这批新兵的必要条件，但苏秋水不一定能当连长）

⑥他们只有消灭了山下与山上的军队，文城和其余的好多地方才能安安稳稳地爬伏在他们的脚底下。（消灭了山下与山上的军队是安安稳稳的必要条件，但那些军队不一定被消灭）

充分条件和必要条件更多地是从逻辑关系而不是语义关系上分类的，在实际语言使用中，“如果”、“假如”、“要是”等关联词所引导的假设句并不会明确假设的条件到底是必要的还是充分的，我们就用“一般条件句”表示。

### 2.4.3 周遍条件

周遍条件的代表格式是“无论（不管）……也（都）……”。前行分句使用具有周遍意义的形式提出这个范围内的所有条件，后续分句说出这个范围内的所有情况都只有一个相同的结果，分句之间是“所有条件—结果”的关系。例如：

⑦记不清了，无论谁是谁非，他总是理亏的那一个，趴在门上央求庄丽的原谅。

⑧布什和克里就像一张美元的两面，并不是截然对立的，无论他们谁当选，都是为这张美元服务的。

⑨不管迈克尔·舒马赫对于F1的垄断是不是一件好事，可以肯定的是，他和弟弟拉尔夫在F1的存在对于所有的新闻从业者来说是一件

大好事。

### 2.4.4 逆反条件

逆反条件的代表格式是“即使（就算）……都（也）……”。逆反的意思并不是指句子是否定形式，而是前行分句提出一种条件，后续分句指出这个条件不能对结果造成任何影响，因此这个条件没有得到承认，是被否决了的条件。例如：

⑩即使徐总经理同意这个解决办法，你二人也要到公安机关去自首、悔过。

⑪即使关下银子来，母亲也不能有喜无忧。

⑫就算这个承诺最终兑现不了，他也不会损失什么。

### 2.4.5 否定条件

否定条件的代表格式是“否则……”、“不然……”。

上文提出某种情况，接下来用“否则”等否定形式的词引导相反的一种情况，后一句表示这一相反情况可能导致的结果。因此，当上文是肯定时就变为否定，上文否定时就变成肯定形式。例如：

⑬只可惜全国忙于革命，否则呆子不知会有什么造就。（如果不是全国忙于革命，呆子会有造就）

⑭现在可以不要，将来一定得要，否则老了怎么办？

⑮那时，我父亲已先走一步，否则，他会认为这些谴责同样是针对他的，那样的话，我当真就要为朋友们的行为承担后果了。

假设所蕴涵的语义关系，从严格意义上来说，并不都是条件关系，到底还有哪些语义关系类别以及各格式之间的语义差别必须通过具体的形式来进行分析，接下来的章节就探讨几种典型的假设句式及其相应的语义关系。

## 2.5 假设句句法形式

假设句有各种表现形式，由于假设必然后续某种结果，因此，假设句至少都会有前后两个部分，以复句或紧缩句的形式表现出来。单独只有表示假设条件的部分或者只有结果部分，都不能成为假设句。对于复句来说，最重要的应该是关联词语以及前后句的语义关系。关联词语一般指连词、副词，以及一些表示复句间的特定的逻辑语义关系的短语，这些短语已经成语化，成为一种固定短语了。另外，“除去词语外，还有一些其他形式也表示小句之间的某种逻辑语义关系。例如特定词语的反复、对偶和排比形式，它们常常表示小句之间的并列关系。对偶除去表示并列关系外，还可以在语义平面和语用平面表示各种偏正关系。语音因素在联系两个小句并表示其间的联合关系或偏正关系，也是很重要的。这些都可以算是关联成分”①。

首先来看看假设句的关联词语。表示复句分句间的逻辑语义关系的关联词语是人对客观事物间的关系的认识以及主观对这种关系的态度在语言中的凝固形式。复句的分类实际上是关联词语的分类。由关联词语表现的分句间的逻辑语义关系以及跟这种关系相配合的结构形式是复句分类的依据。因此，关联词的辨析对于语义的分析非常重要。这又分为两种：一种是一般意义的连词，或者说引导词。如“如果、假如、要是、只要、只有、哪怕、即使”等等。其中根据逻辑语义的不同，又可以细分为充分条件假设词、必要条件假设词等。我们看到最典型的假设引导词是“如果”。它是一般条件假设词，即不特指是必要条件还是充分条件。除了“如果”外，还有其他一些关联词，如“假如、倘若、假使、要是”等，它们的基本语义一致，但各有侧重。

吕叔湘（1985）认为文言里使用“使”、“令”、“设”等关系词的句子多半表示与事实相反的假设，“向使”这个词限用于与事实

---

① 王维贤．现代汉语复句新解．上海：华东师范大学出版社，1994. 64.

相反的假设；可是在白话里，“条件之为可能实现与否，在关系词方面无大差别”[①]。赵元任（1979）则认为：“条件或假设由下列词表示：要是（与若是同源）、要、假如、若是（如和若仅限于文言）、倘若、假若、假使、倘使和设若，排列顺序大致按照（a）出现频率的高低，（b）假设可能性的大小，越靠后的词越多用于与事实相反的假设。”[②]这种分析已经比较陈旧，现代汉语中的情况已经有了很大变化。我们可以从以下几个方面将这些词加以比较分析：

### 2.5.1 使用的频率和时代性

我们选取了不同时期的两位作家，分别是老舍和王朔。在他们的作品中，假设句中的关联词使用频率排名如下：

| 排名 | 老舍 | 王朔 |
|---|---|---|
| No.1 | 要是 | 如果 |
| No.2 | 假如 | 要是 |
| No.3 | 设若 | 假如 |

可以看出不同的词在不同时期有不同的使用率。随着时间的变化，“如果”的使用率已经远远超过其他词，而“设若”等在几十年前被频繁使用的词现在却逐步退出，很少被人使用。

### 2.5.2 假设义的强弱

“假如”一直是使用频率比较高的词，类似的词还有“假若”、“假使”等，因为中间都带有“假”字，因此赋予了这些词更强的假设义，较少用于很可能实现的假设中。而“如果”，同时还可以引导条件句，不含有假设义，因此它的使用面更广。

---

① 吕叔湘．中国文法要略．北京：商务印书馆，1985. 412.

② 赵元任．汉语口语语法．北京：商务印书馆，1979. 67.

### 2.5.3 使用的语体

“假如”、“假使”、“倘若”等用于书面语，“要是”多用于口语，可用“要”表示，而“如果”的使用没有文体的区别。例如：

①角的一边如果是另一边的反方向延长线时，这样的角叫做平角。
①'角的一边假如是另一边的反方向延长线时，这样的角叫做平角。
①"角的一边要是是另一边的反方向延长线时，这样的角叫做平角。

以上例句是条件句，所以用“假如”、“要是”都不太合适。

②假如生活欺骗了你，不要忧郁，也不要愤慨。（普希金诗译文）

例②因为是典雅的诗稿，所以不宜翻译成口语化的“要是生活欺骗了你，……”，而用“如果”又比较中性化。“假如”的假设义最重，而原文说的是不好的事情，作者本人也不希望成真，所以此诗句中用“假如”最为贴切。

除了以上一些关联词之外，还有一些副词也可以表现假设意义。如“万一”、“一旦”、“一”、“早”、“再”等等。例如：

③我收你400卢布，万一你的同事今天不在家，你用100卢布可以勉强买点吃的东西。
④一旦将自己的名字挂上“白榜”，有何脸面去见“江东父老”？
⑤船在水中摇，人在云中晃，稍一失手，摔下来就有生命危险。（教育部语言文字应用研究所语料库）
⑥老李，你再不创造出新的银幕形象，观众就要把你忘掉了。
⑦早知道会发生今天的事，我就不会去看电影，你到我家里看见我，别人的谎言，就不攻自破了，是不是?

除去词语外，还有一些其他形式也可以表示假设义。吕叔湘就明确表示，假设句不用关系词，白话和文言都极普遍。例如：

⑧人无远虑，必有近忧。

⑨种瓜得瓜，种豆得豆。

⑩——《武林外传》我也是编剧。

——你是编剧，我还是主角呢。你继续吹吧。

例⑩第二句话的意思是“如果你是编剧的话，我还是主角呢。”前一分句是假，后一分句也是假。“我”知道自己不是主角，所以肯定“你”也不是编剧。

另外，由于否定词的虚拟含义显明，前后否定词连用，或跟疑问句式连用就形成了固定的假设形式。例如：

⑪不好好干活怎么挣钱养家呢？

⑫没有共产党就没有新中国。

总之，现代汉语中的假设表现丰富。从语义类型上说，它包含可能假设和违实假设；借鉴条件的逻辑关系上的分类，它又可以分为必要条件、充分条件、周遍条件、否定条件和逆反条件；从语言形式上，体现为有关联词的和无关联词的假设句。我们把由“如果”、“即使”等关联词引导的假设句称为典型假设句，而那些非常规的关联词（主要是一些副词）等以及某些固定格式表现的假设句则称为非典型假设句。

# 3 典型假设句（上）

## 3.1 “如果”假设句

“如果”句历来被认为是最为典型，也是现代汉语中使用最频繁的假设句。许多论述假设句的语法著作都是以“如果”句作为分析的重点，如王维贤的《现代汉语复句新解》和邢福义的《汉语复句研究》等。但是，对其条件句和假设句的归属及划分比较含混，对于内部的语义结构和相应的形式标记也无深入的挖掘。

### 3.1.1 “如果”句结构分析

“如果”作为连词，引导假设成分，通常位于前一分句。在句子中多表现为以下格式：

1. “如果”句前项

（1）如果＋主谓结构、动宾结构。

在前一分句里，主语如果是代词或名词，“如果”既可以放在主语的前面，也可以放在主语的后面，对句子的语义没有影响。该分句既可以是主谓宾结构，宾语也可以不出现。例如：

①如果发动机马上熄火，那就非掉在挤满德军的河岸边不可。

②如果你不听话，也别怪我翻脸不认人。

③如果天气太热的话，他会装两台排气扇。

④如果不看房号，你能辨别出每间房子吗？

⑤如果你喜欢这本书，拿走好了。

⑥你如果喜欢这本书，拿走好了。

⑦如果你喜欢，这本书你拿走好了。

这样的形式中假设的内容往往是事件、活动、行为等等。

（2）如果 + 判断结构、介词结构、形容词性结构。

⑧我不能总是把人扣住不放，如果没有线索，我只好把那些新郎们放行。

⑨如果是在大街上，擦肩而过，他完全可能认不出儿子。

⑩如果是这样，你不要悲哀。

⑪如果通过我们努力，能使全国人民人人充满尊严、充满骄傲，那么就是我们受到万人唾骂、千夫所指、成为不齿于人类的狗屎堆，也是值得的，也可以笑慰平生。

⑫他几乎比母亲还要高出一点，如果再魁梧些，肩膀再宽些差不多就是个小伙子了。

⑬我会输么——如果由你们判的话？

⑭如果有时间，我给你好好讲讲他多么、怎么爱我的。

假设的内容往往是状态或者方式。

“如果”后不能接名词性结构。例如：

⑮ * 如果天气，我会装两台排气扇。

⑯ * 如果时间，我给你讲讲。

这证明，假设不能用于单纯的事物或概念，“如果”后要么接一个命题，要么是描述性成分，而不是单独的名词性成分。①

如果把假设分为事实的假设和理论的假设，那么以上都是关于事实的假设，包括对事件、活动、行为、状态和方式的假设。还有一种

---

① 假设引导词“要是”是例外，它后面可以紧跟名词性成分，具体原因可参见本书第四章 4.2.1。

假设是关于理论或者说法的正确性的假设，我们称之为理论性假设。例如：

⑰如果我没猜错的话，你是在等着她来求你，对吗？

⑱如果我没猜错，你是姓沈，叫大有可为的可为。

⑲如果我没记错的话，你服役的那艘军舰驻泊北方一个海滨城市的港口。

除了前项出现表示判断性的词“没猜错”、“没记错”等以外，前项还可以用“如果说”的形式。例如：

⑳如果说老花农是他的知音，恐怕是自寻安慰吧！

㉑今天，我已成了自由人，如果说接受惩罚是为了赎罪，那么，惩罚结束了就可说是赎清了“右派”的罪行；如果说释放标志着改造告一段落，那么，对我的改造也就进行得差不多了吧。

㉒如果说薛苹是阿眉思想上、生活上的志同道合者和保护人，张欣则是她的一个不分你我、情同骨肉的密友。

2.“如果”句后项

假设的结果有各种表现形式：陈述、疑问、感叹以及祈使。

（1）陈述句。

陈述句中呼应词有“就”、“那么”、“便”、“也”、“将”、“要”、“会”等等，也可以不用呼应词。例如：

㉓如果这一切仍不能使你惊奇，那么请看最后一个出场表演的物种……

㉔如果你同时再喝点酒效果就更理想了。

㉕如果你碰我一指头，我就和你拼了。

㉖如果抱怨的矛头是对着父亲，那他便笑嘻嘻地完全以一种观战的态度左瞅一眼母亲，右瞧一眼父亲。

㉗如果我见到她，我会尽一切努力。

（2）祈使句。

㉘你如果见到她，费心把这封信交给她。

㉙兄弟，我这一走，也许就此辞世了……你如果能出去，千万给我家送个信。

㉚如果你还允许我活下去的话，请你明天下午到校园里的池旁来。

㉛如果日后再遇上曹小兵，记住，一定对他道个歉。

（3）疑问句。

㉜如果我把你带走，你乐意吗？

㉝如果周围都像你们一样给他阻力，咱们乡这个重点还要不要？

㉞如果我去救范吉射，你能帮我什么？

㉟如果我们请你辨认几个人，您不会拒绝帮忙吧？

㊱这事如果摊到那帮小子头上，谁来仁德胡同费这个话？

㊲它如果有个三长两短，我可怎么办呀。（我可不好办）

其中，大多为一般疑问；有是非疑问，如例㉜；有正反疑问，如例㉝；有特殊疑问，如例㉞。有时虽然是反问的形式，但实际上相当于陈述，如例㉟、㊱、㊲。

（4）感叹句。

㊳如果我解释得不明白，那……那也是因为我有难言之隐啊！

㊴如果他是居心不良地嘲讽我多好！

㊵如果她的男人真比长庚不如，那就真可怕呵！

假设还可以进入句子的下位成分，比如说宾语，而且常常位于心理动词之后，如例㊹、㊺。

㊶他们说如果加木措能到饭店来带我到训练场，加木措就赢了，

反之，他们就赢了。

㊷我发誓，如果我生活作风不正派，让我死无葬身之地。

㊸他想他如果熬到敢说不的那一天就好了。

㊹老村长想，如果半小时内不生意外，等日本人上车一出村口，便烧香叩头，万事大吉。

㊺姐姐认为我如果能将自己又顺利又得体地解脱出来，就证明我成熟了。

可以发现，假设前项必须有后续部分，否则假设就失去了意义。但是在特殊格式中，却可以以疑问句的形式单独成句。

### 3.1.2 “如果”句的特殊格式

1. 如果……的话

“如果”引导的前一句末尾常常加助词“的话”来表示假设，而且不改变语义关系。其中“的话”可以省略。如果用了“的话”，前面的“如果”也可以省略。例如：

㊻如果要卖的话，她的价钱将很高，她要二十块钱。

㊼快的话，估计联络小组下周即可进入谈判。

“如果……的话”可以放到后一分句，其作用是补充性说明前句的可能性。例如：

㊽父亲曾对她说要注意中国，这个国家将在下个世纪成为重要的大国，如果你想有个远大前程的话。

㊾你应该试试，如果你有机会的话。

王维贤（1994）认为，口语里常用“的话”，并提出例句“他要听我的话，他不会悄悄地就到县上去了”中有歧义，一是“我的话”是听的宾语；二是“听我的话”等于“听我的”“的话”，“我的”

是听的宾语，“的话”是假设助词，“听我的话”是两个“的”合并的结果。[①]这句话有歧义的原因是“的话”可以作为实义解，也可以作为假设词解。句中“要”跟“如果”的用法一样也是表示假设，相当于“如果他听我的”“的话”。还可以歧义理解以下例句：

㊿他说，如果不相信我的话，请看一看你自己的生活。

句中“不相信”的宾语可以是“我”，也可以是“我的话”，因此可以分别理解为“如果不相信我”“的话”和“如果不相信”“我的话”。在这样的歧义结构中没有助词“的”合并的情况，是因为动词“相信”后面可以直接接代词作为宾语，“相信某人”和“相信某人的话”从形式上说都可以接受。

再看下面例句：

51如果是我的话，会立刻同意凶手的全部要求。

这句话没有歧义，“是”只指向“我”，“的话”与“如果”连用表示假设，因为只有“我”才是后一分句的主语。但是如果是另外一句话，例如：

52如果是我的话，他可能会听一听。

这句话存在歧义，或者理解为句中“是”指向“我的话”，同时“我的话”作后一分句“听一听”的宾语；或者指向“我”，“的话”是假设词。

上下文的语境可以帮助分化类似的歧义句。例如：

53只有你不争气地把他的话当圣旨，你要听他的话，你一个人去结婚得了，别勉强我。

54埋怨她不该不听他的话，如果听了他的话，过几个月再查，怀

① 王维贤．现代汉语复句新解．上海：华东师范大学出版社，1994. 64.

孕也就怀孕了，说不定生也就生了。

以上两个例句中前半段都出现了表示实义的“的话”，第二个“的话”跟它同指，而不应该理解为假设词。

“的话”除了与连词“如果、假如、要是”等合用表示假设，以及独自使用表示假设外，还可以直接用在表示相反条件的连词“否则、不然、要不然、要不”或副词“不”之后构成一个假设小句。例如：

㊺最好你去，否则的话，只有叫老高去试试了。

㊻高跟鞋千万不能再出来了，不然的话就成了第三者了。

㊼如果你觉得值的话就原谅他，要不的话，就忘了他。

这些话可以还原成用“如果”加前文情况否定形式（当前文肯定时变否定，前文否定时变肯定）的假设句。例如：

㊺'最好你去，如果你不去的话，只有叫老高去试试了。

㊻'高跟鞋千万不能再出来了，如果再出来的话就成了第三者了。

㊼'如果你觉得值的话就原谅他，如果你觉得不值的话，就忘了他。

在这些连词后，“的话”都可以省略。例如：

㊺"最好你去，否则，只有叫老高去试试了。

㊻"高跟鞋千万不能再出来了，不然就成了第三者了。

㊼"如果你觉得值就原谅他，要不就忘了他。

这些词本身也表示相对条件，加上“的话”则假设意义更强，而且更加口语化。

2. 如果说……

“如果说……”的用法也没有脱离“如果”的用法。通常后面还可以加上“……的话”。例如：

㊽如果说，这歌声在江上久久不去，那么它一定因为含有莫大的

辛酸。

在这句话中，虽然这歌声在江上久久不去的原因是含有莫大的辛酸，但从语句上来说，还是“条件—结果”的关系，道理是因为这歌声在江上久久不去才能推断出它一定含有莫大辛酸。

“如果说……（的话）”更多的是表示对比关系。一种是表示类同的对比，两者之间有相似性。例如：

㊾如果说生育是女人的第一天职，那么害羞便是女人的第一本能。

㊿如果说成都球迷是中国足球最忠实的观众，那么长春最有希望成为中国篮球的一块宝地。

(61)我省改革开放以来的实践证明，如果说改革开放是富民兴晋之路，那么艰苦奋斗则是富民兴晋之魂。

(62)读了这部书稿，给我留下了这样的印象：如果说《谈话录》是“点睛”，那么《初拟稿》则是“画龙”。

另一种是有类同但是程度更进一步或者说递进的对比，如下句中“我”与“老丁”的对比：

(63)如果说老丁的日子不好过，那我比他更不妙。

(64)事隔五年，北京市场上一下冒出了上百个品牌的羊绒制品，如果说第一次是风暴，那么现在的局面就好似雪崩了。

再一种是差异的对比。例如：

(65)如果说开始是不得已而为师，到后来是他自己的兴趣越来越大。

(66)如果说，骗局戳穿以前，陈玉英对儿子的思念还被一只无形的手拽着，炽烈中还时不时保持着冷静的话，现在，那只无形的手已经消失了。

例(65)是“开始”和“后来”的情况不同，例(66)是“以前”与“现在”的情况不同，属于差异对比。又如：

⑰如果说他在生活中不免放荡，在艺术中却是真诚的。

“生活态度”与“艺术态度”的差异对比。

“如果说……（的话）”也可以表示解释说明关系，后一分句往往复指前一分句的内容，并作出解释。

⑱她觉得这个家如果说像只碗，那从来就不是一只盛满幸福和快乐的碗。

⑲如果说对女生还是有所照顾的话，在女生的体育课中以柔道代替了拳击。

⑳如果说浦东有什么相对静寂的事物，那就是横穿境内长达28公里的一条河——川杨河。

㉑如果说老花农是他的知音，恐怕是自寻安慰吧！

㉒如果说也有忏悔的意味儿，那也是附带性质的。

注意，有些句中“说”是个实义动词，接在“如果”后面与“如果说”不同。例如：

㉓你如果说干，我的心情会好受些……

㉔但他如果说要去那里吃饭，她即使不喜欢，她还是会尊重他的决定，不喜欢可以少吃一点。

3. 如果……呢

“如果……呢？”往往是特指句的简略形式，相当于一般“如果”句表承接关系的省略形式。

㉕余宏说：“如果你同意的话，我们散散步；或者找个安静地方坐一会儿，聊聊。”

王芳问：“如果我不同意呢？”

余宏说：“那我们还是去跳舞。”

原句表示“如果我不同意散步、找个地方坐一会儿聊聊，我们干什么呢？”承接上一句的提议。有时不用紧跟前一句，只用承接前文的话题就可以。

这样的用法很常见。只有在这种情况下，假设后项结果不出现，以疑问句的方式单独成句。

⑯如果她不认为背弃了世俗的道路是大道呢？如果她不懂得这条大道一定要穿越世俗呢？

⑰如果你遇到机会呢？

甚至还可以不出现关联词“如果”，但必须有语气词“呢”。例如：

⑱一条烟是礼，好拒收；一支呢？

⑲厂主不答应呢？那好办，最后的解决总出不去起打；假如厂主愿意打呢，祥子陪着！

## 3.2 “即使”句

除了“如果”引导的假设句，另外还有一种假设句，却是提出假设条件但不能必然推出某种结果，即逆反条件，传统语法称为让步复句，《中国文法要略》把它区分为容认句和纵予句。“容认句（‘虽然X但是Y’）先承认甲事之为事实，接下去说乙事不因甲事不成”，容认句所承认的都是实在的事实，承认的是假设的事实就是纵予句（即使X也Y）。”[①]

### 3.2.1 假设与让步

“即使”句被认为是纵予句的代表句式。然而实际上它也有假言“即

---

① 吕叔湘．中国文法要略．北京：商务印书馆，1985. 434. X和Y是笔者所加，分别代表假设的前项和后项。相当于邢福义等其他人标示的P和Q。

使”句和真言“即使”句。前行分句提出一种假设的事实，并姑且退让一步承认这个假设的真实性，后续分句不是沿着这个假设情况的常态语义趋势说下去，而是转到跟它相反相对的方面去，即假言“即使”句，也属于假设句。有的前行分句说的是真实情况，但所获人意念上把它当做有待发生的情况予以承认，即真言“即使”句，它应该属于让步转折句。

①即使你住在深山老林，也能感受到市场经济大潮的冲击。（假设转折）

②即使你是一村之长，也不能随便推翻村民委员会的决议啊。（让步转折）

邢福义认为现代汉语的假言句和实言句是两种对立的句式，区分的标准决定于P的性质，而P的性质又取决于语境。[①]界定为“管P表假设的叫‘即使’假言句，管P表事实的叫‘即使’实言句”，并指出“‘即使’实言句的成立依赖于语境……必须在特定的语境中才有明晰性”。他概括了四种实言句：

a. 那时……即使P，也Q。

b. 即使P（在……时候 / 地方 / 中 / 里），也Q。

c. 确实……，因此即使P（如此 / 这样），也Q。

d. 确实……，但是即使P（如此 / 这样），也Q。

梅立崇（1995）也提出“即使”既可表示假设的事实，又可以表示已实现的事实，他认为“即使”假言句的成立同样依赖于语境中的前项，离开语境中的前项，就难以判定一个“即使”句是不是假言的。[②]

我们认为除了语境中判断真言或假言句之外，也可以使用直观操作的手段。就像表假设的条件句中“如果”不能被“因为”替代一样，

---

① 邢福义．汉语复句研究．北京：商务印书馆，2001．440.

② 梅立崇．现代汉语的“即使”假言句．世界汉语教学，1995（1）：25~26.

假设转折句中的关联词“即使”不可以被“虽然”替代，但是真言让步转折句可以。因为转折句同样有转折而没有假设的含义，或者换一种说法，只要是能转换为“虽然”而且不影响语义的“即使”句就是真言让步转折句，而不能转换为“虽然”句的就是假设转折句。请比较以下例句：

③即使你是我爸爸，也不能这样对我呀。

这是个歧义句，如果“即使”能被“虽然”替换，则为让步转折句。如果不能，就是假设转折句。再如：

④即使是冬天，那厕所也充满了浓烈的羊膻，令人难忘。

这是确定的事实。冬天天冷，气味应该不浓，然而，虽然是冬天，那厕所也充满了浓烈的羊膻。

⑤即使现在分手了，可是还是会想他。

完全等同于“虽然分手了，可是还是会想他”。

⑥据美联社报道，日本首相小泉纯一郎 22 日宣布，即使自民党赢得 9 月日本众议院选举，在 2006 年 9 月自己首相任期届满之时，他将辞去自民党主席的职务。（中新网 8 月 23 日电）

因为新闻写在选举之前，因此它只能是一种假设。因此例⑥不能替换为：

⑥*据美联社报道，日本首相小泉纯一郎 22 日宣布，虽然自民党赢得 9 月日本众议院选举，在 2006 年 9 月自己首相任期届满之时，他将辞去自民党主席的职务。（中新网 8 月 23 日电）

⑦我心里一凉：进了主楼，就不容易出来，即使盘问不出什么，今晚仗一打开，那还不是陪进去了！

因为能否盘问出什么不是确定的事实，所以不能改为：

⑦ * 我心里一凉：进了主楼，就不容易出来，虽然盘问不出什么，今晚仗一打开，那还不是陪进去了！

结合之前对假设与因果的区别，我们可以列表如下：

| 类型 | 格式 | 语义特征 |
|---|---|---|
| 假设顺承 | 如果 X，就 Y | [ + 条件 ] [ + 假设 ] [ – 让步 ] [ – 转折 ] [ – 事实 ] |
| 假设转折 | 即使 X，也 Y | [ + 条件 ] [ + 假设 ] [ + 让步 ] [ + 转折 ] [ – 事实 ] |
| 原因结果 | 因为 X，就 Y | [ + 条件 ] [ – 假设 ] [ – 让步 ] [ – 转折 ] [ + 事实 ] |
| 让步转折 | 虽然 X，但 Y<br>即使 X，也 Y | [ + 条件 ] [ – 假设 ] [ + 让步 ] [ + 转折 ] [ + 事实 ] |

假设“即使”句虽然都是表示假设的，也可以分为两种情况：

1. 违实假设

⑧他们成了一个整体，即使大山把他们压成粉末，也绝不能使他们分开。

⑨美政府主要官员 23 日表示，即使“9 · 11”事件之前抓住或除掉了本 · 拉登，也没人相信这就能阻止袭击事件的发生。

2. 可能假设

⑩说到我，也没像有的媒体把我捧得那么高，我觉得自己的水平和其他国脚差不多，所以即使我上场，中国队大概也躲不过该输的比赛，只是输 4 个的比赛可能输 2、3 个而已，球队毕竟靠整体实力，整体实力弱，谁上去也没办法，法国队的齐达内就是个活生生的例子，即使

他后来上场了，也因为球队整体表现不佳无济于事。

这句话中有两个“即使”，第一个“即使”是假设，因为“我”没有上场；第二个“即使”是真言让步，因为“他”后来上场了。所以原句可以改为：

⑩'说到我，也没像有的媒体把我捧得那么高，我觉得自己的水平和其他国脚差不多，所以即使我上场，中国队大概也躲不过该输的比赛，只是输4个的比赛可能输2、3个而已，球队毕竟靠整体实力，整体实力弱，谁上去也没办法，法国队的齐达内就是个活生生的例子，虽然他后来上场了，也因为球队整体表现不佳无济于事。

### 3.2.2 “即使”的句法形式

《现代汉语八百词》中“即使”为连词，一是表示一种假设兼让步，“即使……也（还）……”又分为两种：前后两部分指有关的两件事，前面表示一种假设情况，后面表示结果或结论不受这种情况的影响，如“即使下雨也去”；前后两部分指同一件事情，后一部分表示退一步的估计，如“即使下雨也不会太大”。二是表示一种极端的情况，“即使……也（都）……”，前后两部分只是一个主谓结构，前一部分是名词或介词短语，如“即使很细微的细节，我现在都记得清清楚楚”[①]。这种分类很细致，但其语义类别之间似乎可以互相包含，如假设情况可以是一种极端的情况，例如：“即使天塌下来，也有个子高的人顶着。”其深层次的语义还没有揭示出来。

“即使”的后项有两种形式：

1. Y肯定式

⑪这样的好去处，即使是摔死了也值得，人固有死，死在此地羽化成仙还有何憾？

---

① 吕叔湘．现代汉语八百词．北京：商务印书馆，1999．289.

这句话强调了这是个非常好的去处。

⑫即使老人真的要亲自点验，她也能马上去买些来。

⑬老人不一定会亲自点验，即使真的要亲自点验，也没什么好担心的。

这两句话通常被认为是让步句，而且是有转折关系的让步句，根据《实用汉语语法大辞典》关于“转折关系”的定义，“前一个分句说了一个意思，后一个分句不是顺着前一个分句的意思说下来，而是作了个转折，说出同前一个分句全然相反的意思或者同前一个分句相对的意思，这样两个分句的关系是转折关系”[①]。显然这两句话的前后关系违背了人们的常理判断，有转折的意味在里面，但转折并不是它们的全部含义，用“即使”引导不太可能的情况却仍然是同样的结果，表示后面陈述事实的必然，或者是强调事实肯定的程度。

2. Y 否定式

⑭他们成了一个整体，即使大山把他们压成粉末，也绝不能使他们分开。

这句话表示不管怎么样，也不能达成某种结果。“即使”引导出一种最极端的情况，而这种极端的情况“大山把他们压成粉末”只是一种假设的条件，强调后句所表达的某种结果绝对不可能达成。

⑮他算计好，即使真是敌人来捕他，他也不便藏躲。

按照一般理解，敌人来捕，应该藏躲，而“他”却不愿意躲。

否定式也有变体。例如：

⑯即使人家给了咱毕业文凭，难道还有瞎子技术员吗？

⑰即使大清皇帝能够永远稳坐金銮宝殿，他的儿子能够补上缺，

---

① 陈高春．实用汉语语法大辞典．北京：职工教育出版社，1989. 81.

也当上旗兵，又怎么样呢？

后项虽然都是疑问句形式，却表达否定意义。

⑱这个焦英苹即使还活着，要找到也相当困难。

这句话后项虽是肯定形式，却表达的是否定概念，“即使还活着，也不好找”。

肯定形式是提出最不可能的条件却达不成结果，否定形式是最可能的条件也达不成某种结果，有转折的意味，但重点是强调，而且越是违背事实的事情，强调也就越重。至于具体强调什么内容，我们必须进一步分析“即使”前后分句的语义关系。

### 3.2.3 “即使”与“就算”

“就算”也可以用于假设句，它的基本语义跟“即使”一样。常常用于口语中。例如：

⑲就算是今后发了大财，我也没脸见大伙儿了。

⑳退一步讲，就算你和那男生谈恋爱了，老师的提醒也是善意的，注意些就是了，有什么了不起？

《现代汉语八百词》中提出，“就算”与“但是、难道、可是”等配合，后一分句表示强调以让步为前提的转折，如：“就算他这篇文章写得不太好，但是也还有些可取地方。”同时在辨析“即使—尽管、虽然”时说明“即使”后面不可以用连词“可是、但是、然而”等呼应[①]。然而，实际上，“即使”和“就算”一样，含有转折的意味，因此后面时常会出现表示转折的连词与其呼应。例如：

㉑娘“小”儿不“小”，就算这两个孩子是庶出，可是从一生下来，

① 吕叔湘．现代汉语八百词．北京：商务印书馆，1999．321．

人家就享受侯姓人家正根正叶的待遇，上上下下，谁也不敢慢待。

㉒就算眼前一切顺利，阿巧姐改变初衷，妻子亦能克践诺言，然而好景绝不会长。

㉓上一代的人，头脑古旧，尤其是妈妈，她比时代落后一百年，就算她不爱爸爸，但是为了道德观念，她也会假装怀念爸爸的。

### 3.2.4 让步与假设

从逻辑上来说，“即使”等关联词引导的是被否决了的条件，而从人们接受的语义来说，则有“让步”的意味在里面，因此也有人称之为让步句。

邢福义（2001）把让步句分为容认性：实让（虽然，但），虚拟性：虚让（即使，也），无条件：总让（无论，都），忍让性：忍让（宁可，也）。[①]其中虚让是对虚拟情况的让步，或是带虚拟口气的让步，又可以分为假言虚让和实言虚让。假言虚让是纯粹假设的虚让，包括理性假言虚让（尽管不完全排除夸张的因素，但是可以成为事实）和夸张假言虚让（完全是动了感情的夸张，不能成为事实，强调的意味更重）两种。例如：

㉔即使你头发全白了，我照样可以认得出来。（理性）

㉕即使你烧成了灰，我照样可以认得出来。（夸张）

㉖即使钱全输了你也在所不惜。（理性）

㉗即使地球全部爆炸你也在所不惜。（夸张）

其实这不是理性与夸张的区别，而是虚拟类别的不同，它们分别是可能假设和违实假设，而违实假设的虚拟程度更高。

实言虚让是实言虚说的一种虚让，指的是事实，但用“即使”带上了一定的虚拟口气。实言虚让里的“即使”一般都可以改为“虽然”，

---

① 邢福义．汉语复句研究．北京：商务印书馆，2001. 467.

然而两种的表达效果不同。在此处，邢福义的分析有些繁杂。其实，只有实言、虚言之分，而无实让、虚让之别。

“总让”是对各种条件的总体性让步。“无论……”提出各种可供选择的条件，统统认可，又统统排除。前分句在格式上要求任指性和选择性。但是，所让步的情况是“虚”、是“实”并不重要。

“忍让”是心理上或意志上的让步。“宁可”表明在别无选择的情况下对不乐意而为之的事情不得不有所忍让，以便实现某种决心。强调的是后面“也”引出的部分。①

（1）在实指虚指问题上，忍让跟总让相同。所说的事可以是假设，也可以是事实。

㉘在必要的时候，我们宁可自己挨饿，也要让孩子们吃饱。（假设）
㉙三年困难时期，他们宁可自己挨饿，把省下的口粮留给向红。（事实）

从例句可以看出，当出现具体时间时，情况便是已知事实，不用于假设了。

（2）理性（夸张，但可以成为事实）与夸张（夸张，表达了十分真实的感情，但不能成为事实）。

㉚宁肯死，宁肯跳进山洪，也不让那俩坏蛋逮住。（理性）
㉛宁可自己跳进地狱，也要成全她上天堂。（夸张）

邢福义这里用夸张和理性来区分有些不妥。难道跳进山洪就是理性的吗？其实区别在于是否能够实现。而这也是假设虚拟程度的区别。不可能实现的，完全违背事实与事理的是违实假设，是完全虚拟；而对可能实现的，只是现在还没有实现的归为可能假设，虚拟的程度就要弱一些。

---

① 邢福义．汉语复句研究．北京：商务印书馆，2001．471．

“宁可”常常表示对比:

㉜明白人总是宁可相信常识相信理性,而不愿意相信大而无当的牛皮。

㉝他知道当今的年轻人是不以为然的,可他,宁可信其灵,不敢信其诬啊……他这么想着,却没有说出来。

因为表示对比,所以前后多用肯定与否定相对的形式。而且大部分是前面肯定,后面否定,表示对比中选择前面。例如:

㉞他宁可多在家中练习几点钟的画,而不肯去多教几点钟的书,增加一点收入。

㉟他宁可死,也不作俘虏!

也有个别的形式是前面否定,后面肯定,表示对比中选择后面。例如:

㊱他宁可自己不睡,也要想法把大家的伙食安排好。

还有的虽然前后没有分别用肯定否定形式,但是“宁可”后面的内容都带有消极或者负面意义。例如:

㊲宁可孤注一掷,也要弄个明白。

㊳我宁可死了,也要娶她。(金庸《神雕侠侣》)

㊴懒散惯了,实际行动的价值,他能用不屑的精神忍受平常小小的压迫;连老冯那样一个木匠,他也宁可扔些金钱,而图个心净。

㊵金三爷宁可自个儿吃共和面,喝茶叶末儿,也要想尽法儿让外孙子吃好喝好。(言下之意是宁可自己吃得差点,也要让外孙子吃好喝好)

当前后两部分不存在对比义,如邢福义所说情况不要求有所抉择时不能采用这一句式。[①]例如：

㊶宁可少生产一些，也要把设备维修好。（心理上意志上的让步）
㊶'宁可少生产一些，他也不会有意见。（前后不存在选择关系）
㊶"即使少生产一些，他也不会有意见。（揭示事物间的关联）

我们认为，选取什么样的关联词，与这些关联词表达的语义有关，也与用了关联词后，句子内部前后所揭示的语义关系有关。

① 邢福义．汉语复句研究．北京：商务印书馆，2001．473．

# 4 典型假设句（下）

## 4.1 假设句语义关系

综合各学者对语义关系的研究，语义关系可以划分为两个层次：第一个是词汇层面的语义关系，这是语义学研究的内容；第二个是在句法中所实现的语义关系，即语句内的语义关系，也是语法研究三个平面之语义研究的重要内容。其中，语义关系可分为两种：一种是词与词以及短语与短语之间的语义关系，一种是分句与分句之间的语义关系。前者存在于语义结构的组合之中，主要表现为语句中体谓、谓谓以及体体之间的述谓关系。其中，最基本的是动核关系和名核关系，这两者都属于格关系的内容。而分句与分句之间的语义关系则主要应用于复句的分类之中。

关于复句内部的分类。传统的分法是将其大致分为联合和偏正两大类。中国的语言学者对于这种划分，其结论似乎相同，但出发点并不相同。[①]有的从逻辑语义出发（黎锦熙，1924；王力，1943；高名凯，1948 等），如张拱贵在其《关于复句的几点分析》（1983）中就明确指出："复句中各部分之间的关系基本上是逻辑关系，这些关系是客观事物间的关系的反映，所以也叫做逻辑事理关系，简称意义关系，……复句分联合偏正两类，是按分句之间在意思上的联系区分的。"胡裕树则从结构特点入手，认为联合复句如果扩展，要延长结构，但分句之

---

① 邵敬敏，任芝锳，李家树．汉语语法专题研究．桂林：广西师范大学出版社，2003.186.

间关系不变，且其具有“封闭性”的特点。偏正复句的扩展，结构却没延长，具有“非封闭性”的特点。还有的则结合了形式与语义，王维贤《现代汉语复句新解》（1994）主张把复句先分为意合句和形合句两大类。“复句的分类主要是形合句的分类，特别是关联词语的分类”，“应该以关联词语所反映的逻辑语义关系为依据”。而邢福义《汉语复句研究》（2001）则按照从关系（语义）出发，用标志（形式）控制的原则把复句的关系类别划分为三大块：因果、并列、转折，并认为这是汉语复句所包含的三种最基本的关系。邵敬敏在《现代汉语通论》（2001）中不但根据分句间的逻辑语义关系划分了复句的类型，而且还把各分句的语义角色明确地表示了出来，如并列复句是“标事—并事”关系，连贯复句是“先事—后事”关系，递进复句是“基事—递事”关系，选择复句是“选事—选事”关系等等，虽然又增加了一些术语，但是在划分复句的关系时，也使各分句的语义清晰化，是有意义的尝试。

对于研究复句的人来说，最为关心的应该是确定复句前后项之间的语义关系。因为复句中各部分之间的相互关系决定了复句的性质和类型。假设句多体现为复句的形式，因此，弄清楚假设句内部的语义关系才能更具体地细分假设句。虽然关于假设句的定义，以及假设句、条件句、因果句的区分还有众多争议，但是假设句的语义结构的认识还是比较统一。假设句的前项为条件，后项为结果，这就是假设的语义结构。但是，如果用“条件—结果”关系来总结所有的假设句语义结构还是有些过于笼统，就像词的意义有基本义和引申义一样，具体的复句间语义关系也有基本语义关系和发展语义关系。

### 4.1.1 假设句句内语义关系

1. 基本语义关系

根据前文对于假设句的逻辑分析和大量的例句分析，可以看出假设句基本语义关系是“条件—结果”关系。这也许可以理解为一种特殊的因果关系，但是，它跟一般的因果关系还是有着明显的区别。因为在因果句里，原因 X 都是已经客观存在的事实，而 Y 则是在这样存在的情景下得到的必然结果，如例①、②、③。而假设句的最根本的区别就在于X并没有成为事实，因此只能称之为“假设条件—可能结果”关系，如例④、⑤、⑥。

①因为训练忙，没人帮厨，炊事班长就借驱逐舰上的和面机用。

②常割资本主义尾巴，生活就清苦得很，常常一个月每人只有五钱油，吃饭钟一敲，大家就疾跑如飞。

③卫生防疫站因为我们家发现了肝炎病人，派人上午来做消毒工作。

④如果她再不想法嫁人，就是这里的终身囚徒。

⑤如果没有他，我们或许会在自己设计的骗局里生活一辈子。

⑥如果你跟我结婚，你妈妈就是我丈母娘了。

假设句前一分句是假设的条件，后一分句是这个假设的条件可能引起的结果。根据可能性的大小，后一分句有不同的词对应。在非常肯定的情况下，用“就（会）”。例如：

⑦如果不在夜里将雪清除，那么新的积雪就会掩住屋门。

也可以用其他连词或副词，如“那么”、“那”、“则”、“便”、“肯定”、“一定”以及不那么肯定的词“似乎”、“或许”等。

⑧这位同学如果能得到那位女同学的爱，他的自卑感肯定会明显地降低。

⑨你的那首诗如果登在报纸上，一定会引起轰动。

⑩如果不是一个打错了的电话提醒他们，他们似乎永远不会冷静下来了。

⑪如果积极治疗或许还有一线希望。

### 2. 发展语义关系

我们之所以称其为发展语义关系，是因为该语义关系是建立在基本语义关系基础上发展起来的，虽然后项是受前项的影响和决定的。根据后项所陈述内容的不同，发展语义关系又可分为以下几种：

（1）承接关系。

承接关系是指前一分句同样提出一个假设条件，在这个假设条件下可能会采取行为或主观的要求。它与基本语义关系的区别在于它后项的主观性。例如：

⑫如果你不走，我就在这守护你。
⑬如果你觉得这个方案不稳妥，咱们也可以再想别的办法。
⑭你们先回去，如果有事儿的话，我们再找你们。
⑮如果写得不好，可以重写。

承接关系的后一分句不但可以用陈述句的形式，也可以用疑问句的形式，而且使用最多的是反问句。例如：

⑯如果我回忆不起，又无人可以作证，那又怎么样？
⑰如果你真的赢了的话，她怎么办？
⑱如果我们承认侵权，你们打算要多少赔偿？
⑲假如你看见一个壮小伙子，利用他身体气力的优越，打一个七八岁的小孩，你怎办？

或者干脆用“呢”构成缩略的特指问句。例如：

⑳如果她结队前来挑战呢？
㉑如果调查证明你讲得不一样呢？

甚至可以用祈使句的形式。例如：

㉒你如果能出去，千万给我家送个信。
㉓如果你还没有，请你到山东来找我吧。

（2）解释关系。

前一分句提出假设的一种情况，后一分句就针对这种情况进行描述或解释。因此后一分句的主语常常与前一分句相同。

㉔如果这也叫“文学修养”，我的“修养”实在杂乱无章，不成气候。

㉕如果同往常一样，两个人并排躺在一张床上，将是多么难堪的事！

㉖如果当时母亲的眼睛再也不能复明，那是多么可怕的事啊！

㉗假如红色的书皮可以代表故事的内容，汝殷君这次的戏法又是使人失望的。

（3）对比关系。

这一组关系比较好区分。在“如果X，那么（就）Y”中，X和Y的表层形式在逻辑上不一定有蕴涵关系。但前后两者有可比性，或者说有对应关系，如以下例句：

㉘如果你是国家主席，那我就是总理了。

㉙如果说农业是经济的基础，耕地则是这个基础的基础。

因为两者具有对应关系，因此可以作出这样的推导：X是假的，Y也是假的；X是真的，Y也是真的。即X与Y之间在说话人看来，从深层意义上来说，存在着一种因果的联系。例如：

㉚如果说太阳从东方升起是个真理，那么，水往低处流也是可以理解的。

本来X与Y之间没有什么内在的联系，但是通过这一句式，造成了一种联系，X是人所共知的真理，Y似乎也就成为一种真理了。

即从X的真推导出Y的真。

这一推导式还可以反过来，即用Y的假来反证X的假。例如：

㉛如果说语言是种生产工具，那么，夸夸其谈的人就成为百万富

翁了。

㉜如果说你已发明了永动机，那我们早就到火星去居住了。

因为事实上“夸夸其谈的人就成为百万富翁”是不可能的，所以反证“语言是种生产工具”也是假的。同样，“我们”不可能去火星居住，因此“你”也不可能发明了永动机。

这几种关系都建立在深层次的因果逻辑关系上，但结合语言形式，严格点区分就可以明确其中的语义关系差别。

以上分析的几种语义关系主要以典型的假设句型“如果……那么……”为例，其实其他引导词基本上也没有脱离这个框架。只是语义趋势上有细微的差别。

### 4.1.2 逆向语义关系

梅立崇（1995）根据邢福义（1985）关于“即使”引导的句式中“即使”假言句和“即使”实言句的划分，比较深入地描述“即使”假言句中前项与“即使P, 也Q”的组合语义关系，归纳出现代汉语“即使”假言句的几种格式类型：推论式、结果式、解释式、补充式、复指式和程度式。但正如他结语中所说的一样，由于收集的例句有限，这六种格式不一定涵盖了所有的“即使”假言句。而且这几种格式的划分也不是很严密，由于例句中的假设项包含太多，没能把它们很清晰地分类。首先，应该明确的是，虽然“即使”等引导词语义关系与“如果”句型基本一致，但是从语义趋势来说，却是逆承的关系；或者说，它们在语义上违背了人们惯常的推导。我们应该根据前后的语义关系对其进行新的梳理。

1.“假设条件—结果”关系

前一句提出假设条件，后一句则提出不受这个条件影响就会产生的结果，等于是否定了这个条件。例如：

㉝他的亲友之中有不少贵人，即使他不去打听，一些紧要消息也会送到他的耳边来。

人们的推理是："如果他不去打听，一些紧要消息不会送到他的耳边来。"但是原文的阐述违背了这种推理，借助的就是否定假设词"即使"。又如：

㉞经过这次价格调整后，即使其他因素不变，农产品成本将会下降。

㉟即使你在前五年没买沃玛特，在下一个五年里，它仍然是很好的股票。

2."假设条件—逆向承接"关系

前句提出条件，后句是在这样的条件下却仍然不会改变所采取的行为或想法。前项的条件往往是极端的，可能性比较小。后句提出连可能性最小的条件下都会采取的行为或想法，强调了后项结果的必然性。例如：

㊱为消灭敌人，即使掉在河里淹死，他也甘心！

㊲不，我只爱你，这是命中注定的，即使他不死，我也要离婚嫁给你的。

3."假设条件—同一解释"关系

前后项指同一事物，后项解释或补充说明前项。例如：

㊳其实我真的不愿意这么一个人过下去，一个人的世界即使生活再舒服也过得没有意思。（语言应用研究所语料库）

㊴今年的粮食即使不能增产，也还能维持去年的水平。（《现代汉语八百词》）

4."假设条件—差异对比"关系

前后进行对比，往往指同一事物（话题）完全相反的两种情况。这一对比关系与"如果"等句的对比关系不一样。"如果"句中是类同对比，而"即使"句中却是差异对比。例如：

㊵我很快乐，即使身体很累，心也依然轻松。

㊶即使他不爱我，我还是会永远爱着他，守护他的。

### 4.1.3 复杂假设句语义关系

复杂假设句是指句子中出现不止一个关联词，或者说假设前项和后项不止一项的假设句。我们可以参照复句的分类，把复杂假设句首先分为联合关系和偏正关系。然后用层次分析的方法予以分解。

联合关系包括并列关系、递进关系和对比关系。并列关系表示不同假设词引导的假设部分之间是并列相等的关系。例如：

㊷张全义眼里滚动着泪水，心里翻腾着怒火，如果没有金府这三十多年的家教，如果不是考虑金秀的委屈，如果不记得杨妈的养育操劳，如果不是碍于张道士的面子……一句话，如果他不是张全义，换成别的什么人，早就发作开了！

㊸假如玛力能爱我，马威想：假如我能天天吻她一次，天天拉拉她的手，能在一块儿说几句知心的话，我什么事也不管了，只是好好做事，念书；把我所能得的幸福都分给她一半。

递进关系是指几个假设部分之间在语义上存在加强意义关系。例如：

㊹如果他们俩不跑，如果他们手里再拿着枪，如果他们要杀死我，怎么办？

“他们手里有枪”比“他们俩不跑”更严重，而“他们要杀死我”则比“他们手里有枪”更可怕。

对比关系，前后描述了事物的两种可能情况，例如：

㊺同样一件事，如果你说是小说家的虚构，问题就很严重；假如说成历史事实，问题就轻。

㊻先把它们搬到小队库房去，要是上面没人过问，就把它们卖掉买马；如果有人过问，那时候再说。

㊼我这是最后一次和你谈话，如果你同意分家，咱们就过下去；如果你不同意分家，咱们就散伙！

偏正关系也可以叫蕴涵关系。即其中一个假设部分包含在另一个部分所假设的内容中，可以理解为假设中还有假设。例如：

㊽维持和平行动中，万一有人因故要离开柬埔寨，比如受伤回国，如果个人没有护照，那是连自己的国家也无法回来的。

㊾郑彦章昏迷了，如果真是很严重的脑溢血，即使抢救过来，也可能会失去记忆，开不了口。

㊿可是我得省着钱，万一妈妈叫我去……我可以跑，假如我手中有钱。

51假如你想把这件事编成一篇小说——如果这材料有编成小说的可能——你必须想一种方法把许多空白填补起来。

52直觉告诉我他下午不会来，要是平常他倒是可能找来的，但是他如果知道是你来了，他反而不会过来了。

在现代汉语中，还有一种连用的情况，是假设关联词的富余使用。例如：

53如果我要是改造不好，怎么对得起你们呀！

54如果我要是从那天起就满心欢喜，日盼夜盼，不是自己折磨自己吗？

55假设一个作讲师或助教的，要是到了德国或法国，一定会有些人称呼他“教授”。

56假如你要是和老伴在一起，你直接做一点儿工作，这件事也会处理得好一些，你女儿也不至于自寻短见。

例53、54中的“如果”和“要是”以及例55、56中的“假如”和“要是”都可表达假设含义，从语言使用来说，这不是最经济的说法，可以省略其中一项，而不影响语义表达。虽然“要是”是口语化的词，但是加入“如果”、“假如”等句式中，一方面能增加句子的口语色彩，一方面还可以进一步强化假设的意义。但是“如果”和“假如”不可以在同一个句子中合用。例如：

㊹ * 如果我假如从那天起就满心欢喜，日盼夜盼，不是自己折磨自己吗？

㊺ * 假如你如果和老伴在一起，你直接做一点儿工作，这件事也会处理得好一些，你女儿也不至于自寻短见。

## 4.2 其他常规假设关联词辨析

### 4.2.1 “要是”格式辨析

1.“要是”与“要”

“要是”与“如果”的语义相同，只是前者更口语化一些。

前文提出，“如果”后不能接名词性成分，但是《现代汉语八百词》中提出“要是”可以用“要是+名词”的结构，表示假设。例如：

①要是别人，这事不一定能办成。

②老同学聚会真不容易，要是去年，咱们还聚不齐呢。

其实，这是一种误解。因为解释时把“要是别人”转换为“如果换了别人”，这种转换是不对等的。因为“要是”相当于“如果”，“如果”不能直接接名词性结构，因此加上动词“换”。实际上原句可转换为“如果是别人”。因此，句中的“要是”可以理解为假设连词“要”加上判断词“是”，相当于：“如果是别人来办这件事，不一定能办成。”又如：

③一个自然科学家要是这种脾气，准保一事无成——说不定他不得不改行写呼吁性散文杂文和文学短评。

④一个自然科学家要是是这种脾气，准保一事无成——说不定他不得不改行写呼吁性散文杂文和文学短评。

石毓智也有类似的观点，他还提出“要”本来是一个助动词，原来的语法位置是在主语和谓语之间，因此当它表示假设时也限于这个位置。例如：

⑤你要瞅谁不顺眼，我就给他穿小鞋。

⑥要是你瞅谁不顺眼，我就给他穿小鞋。

⑦*要你瞅谁不顺眼，我就给他穿小鞋。

他认为“要是”和“要”在句中的分布和功能特点为：当引入假设从句时，在主语和谓语动词之间，“要是”和“要”都可以，在主语名词之前，只能用“要是”不能用“要”。在这里，“是”把假设部分看做一个整体事件，因为一个整体的事件一般包括主体、动作行为及其作用的对象。当假设连词在整个句子之前时，所假设的范围就包括了整个句子的表达内容。但是问题在于，在没有“是”的情况下，当“要”可以作为假设连词时，为什么不可以用在主语之前引导一个从句？《现代汉语八百词》说“要”连接谓语或小句。其中也有例句：要明儿个天儿好，上香山玩儿去。

《现代汉语八百词》又说“要”可以接名词。如：“您倒还记得，要我爸爸早忘了。”石毓智文中也有相同的例子：“这怕什么？要我就不怕。”他认为“要”不是一般的假设用法，实际上是个紧缩复句，相当于：“要是我，我就不怕。”而前一句也可以理解为“要是我爸爸，他早忘了”。但是我们认为，原句中的“要”是“要+是”的紧缩用法。“要是”中“要”的本义表示假设，判断词“是”构成的结构常常包含对比的意味。第一句是“您”和“我爸爸”的对比，对比项出现；而后一句是“我”和那些怕的人对比，对比项在此省略。

2.“要是”与“要不是”

“要不是”是“要是”的否定形式，还是“要”加判断词“是”

的否定形式，或者它是已经固定下来的特别用法？《现代汉语八百词》把“要不是”归于假设连词“要”的固定用法的一种：要＋不是。但是在解释“要”时注明“表示假设，用于口语”。然而“要不是”的用法不仅仅见于口语，我们可以看以下例句：

⑧想想从前比比现在，要不是新社会还能有咱们？

这句话可以转换为：想想从前比比现在，要是旧社会还能有咱们？“要是”等于“要＋是”，也等于“如果是”，而“要不是”等于“如果不是”。结合“要是”部分的分析可见，这些后续成分都是名词性结构。相同的例句还有：

⑨唉，我们要不是民警多好。

⑩你要不是我儿子，我才不会跟你说这些，让街上那些自以为有个性的小子们去碰壁吧。

这类句子的特点是，不管是肯定形式还是否定形式的句子中，“是”必须存在。其否定形式可以转换为“如果不是”。例如：

⑪唉，我们如果不是民警多好。（我们是民警）

⑫你如果不是我儿子，我才不会跟你说这些，让街上那些自以为有个性的小子们去碰壁吧。（你是我儿子）

然而有的例句可以转换为“如果没有”。例如：

⑬要不是所长，我们至少也还得圈半个月！（如果没有所长，我们至少也还得圈半个月）

⑭要不是这副镯子，学生八成早到了枉死城了。（如果没有这副镯子，学生八成早到了枉死城了）

以上的句子区别在于：“要不是”分句中如果有单独主语出现时，只能转换为“如果不是”，而如果没有主语则只能转换为“如果没有”。

但是也有例外：

⑮要不是你的，你吃了也会肚子疼。

这句话中假设部分没有主语，但是它还是应该转换为“如果不是”。这是因为主语虽没有出现，但是是存在的。用现代语言学的话来说就是空位。“× 如果不是你的，你吃了 × 也会肚子疼”。或者，“如果 × 不是你的，你吃了 × 也会肚子疼”。而上面的两例不能这样处理。例如：

⑯要不是所长，我们至少也还得圈半个月！

“× 如果不是所长，我们至少也还得圈半个月。”即使这句话存在，也与原句的语义完全不一样了。原句中的名词性成分，从语义关系上来说是“原因”。

还可以反向思维一下：

⑰要是你害怕，就别去了。
⑱要是你不害怕，你就去吧。

这句话的否定形式不能改为：“要不是你害怕，你就去吧。”而是：“你要不是害怕，你就去吧。”因此，“要不是”不是“要是”的否定形式，而是“要 + 是”的否定用法。

⑲你爹要不是胆大，不会活到后来的。（你爹胆大）
⑳我要不是真诚我早跟你们谈理想了。（我真诚或者我是真诚的）

例⑳可以改为：“我如果不真诚我早跟你们谈理想了。”我们可以看出：否定词否定的是后面的内容，假设本来是与事实相反的情况，“我是真诚的”是属实的，而被否定以后才能进入假设成分。“要不是”成了假设标记，去掉的话原句就不成立了，因为前一小句的假设情况不存在，后一小句也无存在的合理性了。

### 4.2.2 “只要”与“只有”

“只要”与“只有”,一般而言是引导充分条件和必要条件的引导词。它们具体有何相似点又有何差异呢?

从逻辑上说，“只要P，就Q”是充分条件假言命题，是反映某事物情况是另一事物情况充分条件的假言命题。相当于如果有P，必然有Q。而“只有P，才Q”是必要条件假言命题，是反映某事物情况是另一事物情况必要条件的假言命题。相当于，如果没有P，必然没有Q。

《现代汉语八百词》中说“只要”表示具备了某条件就够了，但还可以有别的条件引起同样的后果;“只有”表示某条件是唯一有效的，其他条件都不行。[①]

1. “只要”句法形式

“只要”可用在主语前或后。例如:

㉑我只要等待，十八岁时自然会轮到我。

㉒你只要满意就行。

㉓只要肯下功夫，你就一定能学会。

后一小句是反问句或“是……的”句，句中就不用“就”与“便”。例如:

㉔只要你提出来，难道他还能不帮你的忙。

㉕只要你细心一点，这些错误是可以避免的。

可以用于倒装句，“只要”作后一小句。例如:

㉖命短都不要紧，只要有希望。

㉗可以给元豹多请一些老师，怪一点也没关系，博采众长嘛，只要对他有裨益。

---

① 吕叔湘. 现代汉语八百词. 北京：商务印书馆，1999.680.

“只要是……”有“凡是”的意思。

㉘只要是死无对证的事你们都能吹得天花乱坠。

㉙吃完早饭吃午饭，一天都在街上吃，不管有没有胃口，只要是没吃过的馆子一定要进去享受一番盘桓一番。

例㉘相当于：“凡是死无对证的事你们都能吹得天花乱坠。”

很多时候是副词“只”修饰动词“要”，而不可将其当做连词“只要”来看。又如：

㉚他什么都不要，只//要一杯水。

㉛这里离西安不远，坐火车只//要两三个钟头。

㉜你来不及，你需要一连串的动作，而我只//要一下。

㉝实话告诉你，晚会的赞助我们已经全落实了，现在只//要你们一句话，愿意不愿意参加进来。

因为“要”是动词，上述句子的特点是“只+要”后面接的都是名词性成分，如“一杯水”、“两三个钟头”、“一句话”。而“只要”后面紧接着的多是动宾或主谓结构。例如：

㉞一山之中，只要种得一棵母亲竹，用不了几年工夫，就会漫山遍野地生发出无数新竹。

㉟只要感情还在，我们双方又都能从头做起，重新做起，就不会再出现今天这种状况。

㊱他和几个同伴在岸上来回逡巡，只要我在某处露头，他们便把我踹下去。

㊲你只要中途别再停车，就不会有危险。

㊳只要咱们把自己当青山留住，总有一天这把柴会有人来砍！

因为“要”是动词，后面还常常跟体标记，如“了”。例如：

㊴那天晚餐你只//要了五瓶啤酒，据服务员回忆，有一瓶还原封未动，你就是个孩子也不会喝得酩酊大醉。

㊵分家时，东西让弟弟挑，我只//要了一张断腿的床和离家远的责任田。

但是，有的时候连词“只要”后也接了名词表示假设。例如：

㊶一般每个村民只要两个鸡蛋钱，就可保证每月都有电影看。

从语义上说，原句中等于“只要花两个鸡蛋钱”，但是形式上省略了动词。又如：

㊷认识的一帮朋友如何心狠手辣，专门替人铲仇，只要他一句话，许立宇即便是能继续活在世上，也注定只能以一个残疾人的身份苟且偷生。

“只要他一句话”其实也就是“只要他说一句话”。它们与“只+要+名词”的区别在于它们只是表示条件的前项，后项还有表示承接的结果，关键还是前后语义关系决定了句子的性质以及是否为关联词语。

2.“只要”与“只有”的异同

只有：表示唯一的条件，非此不可。后面多用副词“才”呼应，有时也用“还”。

“只有”可以接名词。例如：

㊸只有我才最了解他的脾气。

㊹我只有这本书没看过。

“只有”也可以接主谓或动宾结构。例如：

㊺只有改变以前的办法才行。

㊻你只有去跟他当面谈，才能消除误解。

㊼只有你去请，也许他还能来。

“只有”还可以接介词短语。例如：

㊽只有在紧急情况下，才能动用这笔款项。
㊾只有通过实践，才能检验出是否符合客观规律。

“只有”的后一分句，必须用副词“才”照应。如果是移位句，“只有”出现在后一小句中，则前一小句不能用“才”。例如：

㊿要上山，只有这一条路。
51你要想吃到大一点的梨，只有自己先变大，不管哪部分大都行。

原句意思相当于“只有这一条路，才能上山”和“只有自己先变大，才能吃到大一点的梨”。

“只有”是副词“只”加动词“有”转化而成的连词，因此仍然或多或少保留有副词的作用。但是，有些句子里的“只有”应该分析为“只”加动词“有”。因为假设后不能只接名词性成分，所以“只有”后接名词构成一个单句，往往是“只＋有”，就像“只要”有时可理解为“只＋要”一样。例如：

52你只有采取这个办法才能学好。（连词）
53你只有采取这个办法了。（副词）
54你只有这个办法了。（“只＋有”）

从中可以看出“只有”与“只要”的异同：

（1）相似点：

a. 都可用于假设句中。

b. 句法结构比较一致。

c. 都有其他的歧义理解。（副词“只”＋动词“要”和副词“只”＋动词“有”）

（2）不同点：

a. 前后项不同的语义关系。

b. 后句不同的呼应词："才"与"就"。

3."只要"与"只有"辨析

"如果"是表示假设的典型句式，当"只有"、"只要"都表示假设时，都可以与"如果"发生对应关系。下面例句中"如果"和"只有"、"只要"替换，句子依然成立。

55 a. 你只有去跟他当面谈，才能消除误解。

b. 你如果去跟他当面谈，就能消除误解。

56 a. 只有你去请，也许他还能来。

b. 如果你去请，也许他还能来。

57 a. 我们只要打个电话通知他，他就可以把东西送来。

b. 我们如果打个电话通知他，他就可以把东西送来。

58 a. 字只要清楚就行。

b. 字如果清楚就行。

但有的句子用"如果"替换则不成立。例如：

31 * 这里离西安不远，坐火车如果两三个钟头。

33 * 实话告诉你，晚会的赞助我们已经全落实了，现在如果你们一句话，愿意不愿意参加进来。

43 * 如果我才最了解他的脾气。

44 * 我如果这本书没看过。

可见"只有 + 名词"和"只要 + 名词"都不是假设用法。

如何判断"只有"是连词还是"只 + 有"连用？在此还可以用省略"只"保留"有"的方法来进行判定。

59 只有你能帮上我的忙。

60 父亲，难道你认为，只有你们才对草原怀着诚挚的爱么？

句中的“只有”不能替换为“有”。

㊾*有你能帮上我的忙。

㊿*父亲，难道你认为，有你们才对草原怀着诚挚的爱么？

而例61、62虽然没有了限制数量的“只”，但是句法上可以成立，只是语义稍稍有所变化。例如：

61可是我认为，在美国你只有一个家。

61'可是我认为，在美国你有一个家。

62反正我只有一个妈妈。

62'反正我有一个妈妈。

省略的方法也可以区分连词“只有”非假设的用法。

在单句中，“只有”（连词）有两种情况：

一是“只有……才”连接主谓，“只有”省略后句子依然可以成立。例如：

63只有徐太太心里明白，再造金丹，这才是经理丈夫最爱谈论的主题哩。

63'徐太太心里明白，再造金丹，这才是经理丈夫最爱谈论的主题哩。

还有一种是“只有”引导状语，也可以省略。例如：

64他问一个人却有好几个人向他指点，只有在这一点上他觉得这个城市的人还保留着“好礼”的传统。

64'他问一个人却有好几个人向他指点，在这一点上他觉得这个城市的人还保留着“好礼”的传统。

65我只有在梦中才拥有奇迹。

65'我在梦中才拥有奇迹。

“只有”在“只有+名词”中除了“只”加动词“有”之外，基本语义是限定范围，也有隐含对比的意思。例如：

㊅这样的车呢，只有美国老年人，才喜欢开，别理它吧。（美国老年人才喜欢这样的车呢，美国年轻人不喜欢开）

㊆只有男人才会觉得这过分。（男人才觉得这过分，女人不会觉得这过分）

这些都不是“只有”表示假设的用法。

4.后项呼应词

在都可以表示假设的情况下，为什么“如果”、“只要”都可以与“就”呼应，而“只有”后面却只能用“才”呢？

邵敬敏提出，有人认为“才”和“就”根本区别在于前者表示过去，后者表示将来；也有人认为“才”表示在说话人看来行为动作发生或进行得晚、慢，用“就”表示在说话人看来行为动作发生或进行得早、快。这些说法都不够准确。[①]《现代汉语八百词》中“才，表示程度低，数量少”，在什么样的条件下，能达到最低的程度，所以用“才”与“只有”连用强调基本范围。

㊈记者只有在进办公室采访卡拉季奇时，才须接受安全检查。

㊉因此，只有求同存异，兼容并蓄，才有利于共同发展。

而“就”，副词，多表示短时间内即将发生或表示两件事紧接着发生。在条件句中表示结果的后一部分，在时间关系上也有先后，所以用“就”。例如：

⑦⓪ a. 只有站在巨人肩上才能看得远。

b. 只要站在巨人肩上就能看得远。

c. 站在巨人肩上能看得远。

d. 站在巨人肩上才能看得远。

---

① 邵敬敏．汉语语法的立体研究．北京：商务印书馆，2000．272．

e. 站在巨人肩上就能看得远。

⑪ a. 只有小偷被当众擒住才会引起周围群众这般情绪。

b. 只要小偷被当众擒住就会引起周围群众这般情绪。

c. 小偷被当众擒住才会引起周围群众这般情绪。

d. 小偷被当众擒住就会引起周围群众这般情绪。

⑫ a. 只要你不答应我向你提出的那三条，我就不吃饭！

b. 只有你不答应我向你提出的那三条，我才不吃饭！

c. 如果你不答应我向你提出的那三条，我就不吃饭！

d. 只有你答应我向你提出的那三条，我才吃饭。

对照例⑫的 a 与 d，可以发现“只要……就”的否定形式非得转换成“只有……才”的肯定形式才符合原句的语义。其实“只有……才”也可以用于否定形式。例如：

⑬只有你不尊重自己，别人才会不尊重你！

这句话可以改成：“只要你不尊重自己，别人就不会尊重你。”

可见，否定“只有”也等于否定“只要”，否定“只要”不等于否定“只有”。

用数学式来说明就是：

只要（X）＝就（Y）

只有（X）＞才（Y）

当 $X=Y$ 时，$-X=-Y$；而 $X>Y$ 时，$-X<-Y$。

邢福义提出，在逻辑关系上，在语意表达上，“只有……才”和“只要……就”首先是条件的性质有所不同。一个是充足条件，一个是必要条件。其次，同样的内容，“只有”表达的是强制性条件，着重强调“必要”的一面，口气坚定，要求偏严；“只要”表达的是宽容性的条件，着重强调“足够”的一面，口气缓和，要求偏宽。[①]

---

① 邢福义．汉语复句研究．北京：商务印书馆，2001.100.

⑭只要你去，就能解决问题。

⑮只有你去，才能解决问题。

我们的理解是“只有……才”基本语义是限定范围，这个范围之内是实现某种情况的基本因素，可以说是起点的条件，而“只要……就”是明确的因果关系（也可能是假设的），前后是对等的。

从关系词来说，“才”限定范围，有对比义，或者说肯定意义，即肯定范围之内而全部否定了范围之外的东西。

5.“如果”与“只要”

“如果……就”和“只要……就”的区别，邢福义认为一是语义表达上重点不同，分别是假设和条件。所以在纯粹假设的场合，或者说，在偏重于表达说话人内心假设的时候，“如果”不能换为“只要”。

⑯他错在哪里？如果他错了，谁还想做好事，谁还愿意卖力？

⑰如果没有她的陪伴，我在北京的日子将会多么难挨。

例⑯中说话人内心已确定他没有错，例⑰中本意是强调实际上有了她的陪伴。邢福义没有注意到的一点是这表明的“只要”不能用于无标记的过去式，除非有过去时的标记。例如：

⑰'只要没有她的陪伴，我在北京的日子将会多么难挨。

这就变成一种推断，是表示将来的。但如果加上时间词，则表示过去。

⑰"只要当初没有她的陪伴，我在北京的日子将会多么难挨。

邢福义又提出，当“如果”引出的情况，都是说话人内心的一种假定，不存在向什么人提什么需要满足的条件的意思时，其中的“如果”不能改为“只要”。例如：

⑱如果美国人民问到共产党为什么作战，我该怎样回答呢？

⑲（对不起，小姐。您到底是谁？）如果您也是要求上片子的小姐，请直接报姓名，否则我只好挂电话了。

我们认为这是因为“只要”与“如果”所在复句的语义结构不同，即前后关系不一样，“如果”的应用广，而“只要”基本上只用于表示单纯“条件—因果”结构的陈述句。而以下几例，虽然形式上有所区别，但实际上完全等同于陈述句。

⑳只要金枝同意，孩子干吗送给别人呢，我们家就想要！（只要金枝同意，孩子不要送给别人，我们家就想要）

㉑只要你们小两口儿喜欢，我还决定什么呢！（只要你们小两口儿喜欢，我不用决定了）

㉒只要两人乐意，你管人家采取什么形式呢。（只要两人乐意，你不要管人家采取什么形式）

邢福义认为“在以事实为假定的条件时，‘只要’不能换为‘如果’”。例如：

㉓小兄弟，别理他，只要我有一口气在，此仇不能不报。

㉔只要看到你这个样子，我就恼火！

㉕如果再看到你这个样子，我就要打你了。

“只要看到你这个样子”是以事实为条件，不能用“如果”；“如果再看到你这个样子”，是纯粹的假设，不能用“只要”。

这个分析前半段是正确的，不能假设已公认的事实，即确定的事实不能进入假设结构。后半段认为假设不能用“只要”，这是错误的理解。例如：

㉖你只要中途别再停车，就不会有危险。

㉗放心，我只要你再给我三年，把你最好的三年给我，三年之后

我就让你走，跟你离婚。

邢福义在《汉语复句研究》中写道："正反推论中用法有别，'如果……就'可以用于正反两面同时推论，即可以从正反两面提出假设，作出推断。"①

⑱如果他有这本书，他一定借给你；如果他没有这本书，他也会帮你借的。

他分析说："'只要……就'则一般不用来同时从正反两面进行推论。常见的情况是：从两面中选择一面为条件，然后以另一面为假设，起补充作用，借以把意思表达得更加周全。比较地说，选择为条件的一面，是更积极、更需要着重强调的一面。"例如：

⑲只要他有这本书，他一定借给你；只要他没有这本书，他也会帮你借的。（这个说法有问题）

⑳只要他有这本书，他一定借给你；如果他没有这本书，他也会帮你借的。

作为假设式，"如果……就"可以形成两面假设、正反配合的用法。正反两面一般轻重平衡，显得比较客观、冷静；作为条件式，"只要……就"则在正反两面中具有选择性和强调作用，它偏重于其中的一面，使之突出。例如：

㉑还有一种，是动摇分子，半真半假，看势办事。如果第三次世界大战不打，蒋介石不来，那么，就跟共产党走下去。如果第三次世界大战打起来，他就另打主意。

这应该正是"只要"强调限定范围的表现。"只要"限定范围，因此没有必要把它范围之外的情况再作说明，而"如果"相对来说就

① 邢福义．汉语复句研究．北京：商务印书馆，2001.111．

必须从形式上表现得更全面。

### 4.2.3　否定假设词

否定形式可以出现在句中，也可以用否定假设引导词。此处的否定假设引导词，与前文所说的否决条件不同，前文所述是条件中的一种类型，否定所述事物。笔者认为不能将其视为一种条件，它指的是引导词本身带有否定意义，如“除非”、“否则”、“要不是”。

“否则”是连词，指“如果不是这样”。连接小句，用在后一句的前面，可表从前句推论出的结果，或提供另一种选择。“否则”是浓缩的假设连词，包含了条件和结果。用法同“要不然”、“不然”，需要同上文呼应。因为“否”是包含谓词意味的否定，如“不然”。例如：

①他一定有要紧事找你，否则不会接连打三次电话来。

②他一定有要紧事找你，如果没有要紧事找你，他不会接连打三次电话来。

吕叔湘的《中国文法要略》认为“否则”句属假设句。他认为这种句子把第一个小句说成非条件式，而“仍然要表示全句的条件意思”，从而形成“否则”句。

“否则”句从X带不带关联词语和带什么类型的关联词语的角度出发，将句子类型分为四类：“X，否则Y”；“除非X，否则Y”；“因为X，否则Y”；“要么X，否则Y”。[①]

我们认为可以从时间关系上给X分类：（以说话人说话的时间为参照点）时间关系的不同也造成语义的大差异。

（1）过去（已完成）：包括“X，否则Y”（部分）；“因为X，否则Y”。语义上可以表示原因（积极：幸亏、值得欣慰的是、幸而；消极：可惜）。前后分句的语义关系是“原因—结果”关系（前后）。

---

① 王维贤．现代汉语复句新解．上海：华东师范大学出版社，1994.201．

③我已经这么干过了，否则我怎么会这么自信？

④幸而有这几株树，否则祁家的南墙外便什么也没有，倒好像是火车站上的房子，出了门便是野地了。

⑤他觉得高第这一声呼叫极有价值，否则他又非僵在那儿不可。

其中例⑤否定的不是X句，而是X句中“觉得”后的宾语从句。又如：

⑥只可惜全国忙于革命，否则呆子不知会有什么造就。

⑦值得欣慰的是编导没让这个女孩子裹上一层蛇皮，否则，她就不能向我们展现她那双极富表现力、生气勃勃的腿。

⑧是的，她肯定赚了钱，否则怎么会那么阔，老邱又怎么打发？

⑨尽管你违反了军纪，但仅就感情而言，我承认你是纯真的，否则你不会感到受到了深深的伤害。

其中例⑨否定的不是X句，而是X句中“承认”后的宾语从句。又如：

⑩幸亏我还有点理智，想来想去总觉得不合适，不像个文明的举动，否则，只怕你已经遭殃了……

⑪我也就是不会别的，否则也早奔高枝儿了。

过去的X肯定后接过去的Y，或已完成的Y。“否则”后的Y肯定与事实相违背，是违实假设，是程度最高的虚拟，完全没有实现的可能性。如例⑨、⑩、⑪。

（2）现在和将来（未实现）：包括“X，否则Y（部分）”；“除非X，否则Y”；“要么X，否则Y”。语义上可以表示义务、责任；祈使、请求；命令；选择；条件（实现了的条件叫原因，没实现的才是条件）。前后分句的语义关系包括“要求—原因”；“要求—要求（要么）”。例如：

⑫火药库必须拿下来，否则大家的牺牲便没多少代价。

⑬你得下决心克服一切困难，否则就一事无成。

⑭你还是给我一次锻炼机会吧，否则我怎么茁壮成长呢？

⑮中国的特务已经不十分可靠，应当马上大检举，否则日本特务机关将要崩溃！

⑯现在可以不要，将来一定得要，否则老了怎么办？

⑰他一定要先抱头，否则重心在下，那颗头会像断了枝的果实晃荡不休，会亲吻到他身体的某一部位。

现在或将来的X后接具有一定可能性的Y，是可能假设。正是因为有可能实现某种结果，所以才要提出要求。例如：

⑱这只是线的一端，除非你也在线的另一端出现，否则这根线也拎不直来。

⑲你不要再争了，争也没用，照我说的去做，否则，只怕你哭一场后还得做——你最好认清形势。

因此，不管怎样，“否则”都是一种假设，其前后语义关系可以描写为：

X（真）—否则Y（假）

X（未来）—否则Y（未来）

“除非”与“否则”（不然）连用是比较常见的。例如：

⑳他们都知道，这老爷子从来是一言九鼎的，除非他自己改主意，否则谁也拿他没办法。

㉑这种式样的高层楼房的房门都是铁铸的，十分坚固，除非使用乙炔焊枪进行切割，否则甭想把门搞开。

王维贤提出“除非”从构词角度讲，是一个表示双重否定的连词，同时有表示条件的作用，因此逻辑语义相当于“只有”。例如：

㉒除非你来请我，否则我不去。//只有你来请我，否则我不去（我才去）。

但“除非”与“只有”有两点区别：一是“除非”有强调意味；二是“除非……否则”更符合习惯的说法。其中的X不是讲事实如何，而是讲假设的情况（与“因为”不一样）。“除非”相当于“-X”中的“-”。

㉓他们花着房钱，可是永远没人来修补房子；除非塌得无法再住人，才来一两个泥水匠，用些素泥碎砖稀松的堵砌上——预备着再塌。

《现代汉语八百词》认为“只有”从正面提出某个唯一的条件；“除非”从反面强调不能缺少某个唯一的条件，语气更重。还有，“除非”可以用在“是”前，而“只有”不能。[①]其实，这时的“只有”是“只+有”。例如：

㉔除非是你才那样想//只有你才那样想。（“只有”表范围，“除非”表条件）

或许应该说“只有”是积极的表述，而“除非”是消极的表述，“除非”表达的可能性更小，而不是反面强调。起反面强调作用的是“否则”，强调了“否则”后的Y。

㉕你们是了解外国人的，除非下刀子，否则无法使他们的心情变坏，他们在劳动时有一种野蛮人发泄体力时的欣悦。

㉖除非万不得已，绝不能这么干。

例㉕言下之意是“很难使外国人的心情变坏”。例㉖强调“不能这么干”。

因此，如《现代汉语八百词》中所说“除非……不”可以成立，而“只有……不”不行。

㉗你只有去跟他当面谈，才能消除误解。

㉘你如果去跟他当面谈，就能消除误解。

㉙除非你去跟他当面谈，否则不能消除误解。

㉚除非你去跟他当面谈，才能消除误解。

---

① 吕叔湘. 现代汉语八百词. 北京：商务印书馆，1999.125.

将上文论述过的这些假设关联词通过句法、语义和虚拟程度来考察，可以得到下表：

| X 关联词 | Y 呼应词 | 条件关系 | 语义结构 | 虚拟类别 | 语义特征 |
|---|---|---|---|---|---|
| 如果/要是/要/假如/如若/倘使 | 就，则，便，还 | 一般条件 | 条件结果<br>承接关系<br>解释关系<br>对比关系 | 可能假设<br>违实假设 | [+条件]<br>[+假设]<br>[-事实] |
| 即使/就算/哪怕/即便/宁可 | 也，还，总，又，仍然 | 逆反条件 | 条件结果<br>逆承关系<br>解释关系<br>对比关系 | 可能假设<br>违实假设 | [+条件]<br>[+假设]<br>[±事实]<br>[+让步]<br>[+转折] |
| 只要/只有/除非 | 就 | 充分条件 | 条件结果 | 可能假设 | [+条件]<br>[+假设]<br>[-事实]<br>[+限定] |
| | 才 | 必要条件 | 条件结果 | 可能假设 | |
| | 才 | 必要条件 | 条件结果 | 可能假设<br>违实假设 | |
| 否则/不然/要不是 | 就 | 否定条件 | 条件结果 | 违实假设 | [+条件]<br>[+假设]<br>[-事实]<br>[+否定] |
| 无论/不管 | 都，也 | 周遍条件 | 条件结果 | 可能假设 | [+条件]<br>[+假设]<br>[-事实]<br>[+包含] |

# 5 非典型假设句

“如果”等关联词引导的是典型假设句，而非典型假设句则是使用一些不常用的关联词或者通过其他方式表达假设意义的假设句。

## 5.1 特殊的关联词语

### 5.1.1 “万一”

“万一”，既是副词也是连词，表示假设，这种假设的可能性最小，同时也是说话者最不愿意发生的，可以说是消极的假设，意外的假设。例如：

①万一今夜我发生不测，不要难过，要向地委、行署领导讲，但不幸的消息不能告诉我的亲人，尤其不能告诉我的九旬老母；请每月以我的名义给我家里写一封平安信；我死在这里，就埋在这里，丧事从简。

②居民们忧心忡忡：万一发生火灾，消防车开不进来，如何是好？

“万一”还可以和“如果”等假设引导词并用，有进一步假设的含义。

“万一”是副词，表示可能性小，紧接“如果”等假设引导词之后。例如：

③没炸，心知有变，他犹豫的瞬间想到烟火、导摄都没喊“停”，如果万一没有事？

④王师揆认为蒋介石已届古稀高龄，又有严重的心脏病，如果万一在美国人手术时发生血压、心跳等意外，蒋介石将随时都有生命之虞，但是刚愎自用的宋美龄以第一夫人之尊，力排众议，使美国医师对蒋介石的肺部穿刺手术得以实施。

⑤那么，如果你万一考不取呢？

“如果”和“万一”不是紧接着连用，而只是在句内同现的话，“万一”是连词，表示假设。这种假设的可能性比“如果”等其他引导词要小。例如：

⑥在当时举国抗战的情势下，宋美龄深知，如果这份“不抵抗”电报万一在美国公布，将会对自称全国“抗日领袖”的蒋介石名誉造成何等损失。

⑦德国也在进行类似计划，这些科学家认为，如果不抢先完成，万一纳粹德国得到成功，恐怕是更大的一场浩劫。

⑧王淑英思忖良久，想，如果继续这么闹下去，万一真闹出人命来，十几年夫妻情缘和用血泪换来的一点点病情好转，就会这么付诸东流了。

“如果”前“万一”后有递进的关系，因为“万一”的可能性比“如果”小得多，可以说是一般假设中的意外假设。而“万一”后接“如果”，则是意外假设内的一般假设，语义结构层次不一样。例如：

⑨万一不行了，我希望见一见我的母亲，如果医疗上还有办法的话，我现在可以不见，我提出来，请组织上考虑。（这句话从语义上来说，属于倒装形式，而不是真正的“万一”前“如果”后的假设关系）

⑩ 1944年一整年，我都在担心，万一美国垄断了核武器后，如果再次出现二三十年代那样的大萧条，将可能对战后难得的和平造成威胁……为了防止这种核垄断的出现，我经过深思熟虑后，设法同一名苏联情报人员取得了联系，向他们透露了美国已经掌握了核爆炸技术……仅此而已……

⑪万一出现第二种情况，我们的厂长、经理们如果能够像上述企业领导一样，懂得一点对方所在国的法律，就会争取到主动的地位。

其他关联词与“万一”配合的情况大致相近。例如：

⑫真有些害怕了，因为她知道那些都是集资者的血汗钱，万一还不上，她即使不受法律严惩，集资者也不会放过她。

⑬万一母亲找不到亲人回不了国，我会始终如一奉养母亲，即使我一辈子解决不了婚姻问题，我也不会嫌弃母亲。

可见，假设还有心理差异，有的假设是不愿意发生的。如“万一”引导的都是不愿意发生的不利情况的假设，而其他引导词同样也可以显示出不同的主观意愿。

### 5.1.2 “一”、“一旦”

副词“一”与“就”连用，在两者之后分别接动词表示一种动作或情况出现后紧接着发生另一种动作或情况。例如：

⑭一回了家，就嚷嚷饿死了饿死了。

当这种动作还没有发生，表示将来的动作时，“一”就赋予了这个句式假设义。例如：

⑮一上车我就会给你来电话的。

这句话表示现在还没上车。“只要我上车了，就会给你来电话。”

“一”表示未来的动作，而表示新情况的出现的副词“一旦”也可以用于表示假设有一天可能发生的新情况。例如：

⑯据称，以当局最担心的是，阿拉法特一旦有不测可能引发黎巴嫩境内的巴勒斯坦难民和激进的真主党人动乱。

原文说的是在阿拉法特死之前的现实情况，“一旦”则引导假设的情况。再如：

⑰一旦结了婚，有了这个证，这张纸片，你就不那么自由、不那么随心所欲了，除了权利，责任和义务也随之产生了。

⑱我还有个最后的请求，如果一旦变性失败，我恳求你们不要再试图给元豹重新装上。

⑲可是，我一旦打定了主意，就不轻易改变。

⑳一旦他为朋友动了感情，他敢去和任何人交战。

在以上假设句中，“一旦”表示在新情况的出现或假设的新情况出现后很短的时间内，就会得到某种结果。

### 5.1.3 “早”

《现代汉语八百词》中“早”有几种解释。一是形容词，如“较早、更早”（跟现在或某一时间比较），用在动词后，有“太早了”的意思。若是直接用在动词前，表示假设，含有“现在太晚了”的意思。另一种是副词，强调事情的发生离现在已有一段时间，句末常用“了”。如“他早来了”。

我们认为，“早”的假设用法应归于副词范畴，而不是形容词。具体用法又分带引导词的“早”和不带引导词的“早”。

带引导词的“早”又有三种情况：

（1）“早”出现在前项，表示过去没能完成的某种前提条件。

a.“早”后面常常紧跟心理动词“知道”。例如：

㉑假如我早知道，我一定不会让你离我而去，留给我无限的悔恨。（“我”不知道）

㉒如果，他早知道妻子是那么淫荡，那天晚上他当然也会气、也会恨。（“他”不知道）

b.“早”加程度补语“一点”、“一分钟”、“一步”、“一些”

等，表示实际上没有达到某种程度。

㉓假如女子排球运动早几十年兴起，她也许凭这身高就能为国争了光。

㉔如果自己早一点见到“小李白”就好了。

㉕如果他们早一分钟到，他们就会遇到东山。

㉖我想如果你早就如此你也不会和你丈夫离异。

有的情况下，“早”不一定表明不符合过去的实际情况，而是表示对已过去的事实未知的状态。例如：

㉗如果静子还活着，他无论如何要找到她，如果她早已死去，也希望能得到……（对于过去的未知，不知她是否已死去；此句不一定必然表示过去，是由前后项的语义关系决定）

前项中“早”还可以多次出现。例如：

㉘如果早点回信，于凤至早点到南京去活动活动；也许不会是这么个结果。

（2）“早”出现在后项，表示在某种条件或情况下，会实现某种结果，但实际上没有实现。例如：

㉙如果许立宇一直干到今天，那他早就是个人民币百万富翁了。（他还不是个百万富翁或者说他没有很早就是个百万富翁）

㉚金秀知道，假如是平常，全义早就会关机睡觉去了，可今天，他一声不吭，呆呆地往屏幕上看，金秀也只好默默地陪他。（全义还没有关机睡觉）

㉛如果您不是金枝的朋友，我早就请您出去了。（“我”还没请“您”出去，或者说“我”现在才请您出去）

㉜如果不是可怜她的这个不满周岁的儿子，她早就想一了百了啦……（她还没一了百了）

（3）前后项都出现“早”，表示由于过去没有完成某种条件，以致过去没能实现某种结果。前句动词常用“知道”。例如：

㉝如果早知道婆婆这样喜欢孩子，我早该把留在家里的长子和次子一起带来就好了。

㉞如果理解和宽慰早些降临，贺子珍本可以早早用自己的那双走过万里长征的腿走进北京，可如今却只能坐着轮椅去首都。

“早”也可以不用假设引导词，直接表示假设。在用于第一人称时，人称代词可以省略。例如：

㉟早知今日，何必当初？

㊱早知道那次犯规会让我被禁赛两场，我希望我可以回到那场比赛，收回自己那次犯规。

用“早知道”就表明“当初不知道”，相当于“如果我早知道”。又如：

㊲有个人在路上走，不小心突然跌了一跤，他嘀咕了一句，“真倒霉！”爬起来拍干净身上的土，又继续赶路了。……走了不大一会儿，他脚下一绊，又摔了一跤，这次他不由气恼地说：“早知道还要摔跤，上次我就不爬起来了。”

原句表示“如果那时我知道还要摔跤的话，我就不爬起来了”。

“早”之后也可以接其他的动词，但动词前后也必须有程度副词。

㊳入园3个月后的一天下午接女儿时，我刚刚踏入教室，两位老师不约而同地对我说：“您早来一步就好了！刚才真是精彩啊！”

㊴我早一年毕业就可以参加住房分配了，可惜啊。

需要注意的是，“早知道”也可以表示实义，必须与表示假设义的情况区分开来。例如：

㊵早知道不该想你，可我控制不了我自己。

例㊵中“早知道”后没有表示结果的后项成分，不属于假设句。这个“早知道”的确表明“知道”。表示实义的形式和假设形式的区别同样也是由假设句的语义结构决定。也可以用能不能添加引导词“如果”来进行鉴别，例㉟～㊴都可以添加“如果”而句义不变，而例㊵则不行。

### 5.1.4 “再”

“再”，虽然只是一般的副词，却含有将来义。而且可以单独使用，表示假设。

《现代汉语八百词》解释“再”为副词，表示一个动作（或者一种状态）重复或继续。多指未实现的或经常性的动作。它可以用于假设句，后面常跟“就”、“都”呼应。表示假设的连词可以省略。[①]例如：

㊶你（要是）再哭，小朋友们就都不跟你玩了。（你要是继续哭，表示动作的持续）

㊷你如果再推辞，大家就有意见了。

㊸如果你再叫我一声小市民，我就要请你滚出去了。（表示动作的反复）

也用于让步的假设句，含有“即使”或“无论怎么”的意思。

㊹我再怎么劝，他也不听。

㊺再等也是这么几个人，别等了吧。

㊻（即使）你再怎么解释，他也不会同意的。

如果后面接形容词，也是表让步假设。例如：

㊼再好的笔也禁不起你这么使啊。（比这更好的笔，表示程度的

① 吕叔湘. 现代汉语八百词. 北京：商务印书馆，1999.642.

加深）

㊽即使风再大，天再冷，我们也不怕。

㊾他几乎比母亲还要高出一点，如果再魁梧些，肩膀再宽些差不多就是个小伙子了。

### 5.1.5 “一些”、“一点”

这些表示程度的词，可以用在假设句中表示希望达到的目标，但是实际上又没有达到。它们主要用在动词或形容词后面充当补语。例如：

㊿我的菜都是从外地批发来的，进价就高，如果不卖贵一点，成本就收不回来。

51如果会场大一点，在现场采访的传媒当然就可以多一点。

52我与夫人在那里，每天只吃两碟小菜，还要花费不少钱，如果吃得好一点，开销就更大了。

53如果聂卫平打劫时再顽强一些，局势会十分复杂，白棋的回旋余地很大。

54当然，家境如果优裕一些，牛津大学也许不会仅仅因为口吃就把一名高才生拒之门外。

有时引导词“如果”等没出现而这些词单独使用也能表示假设，关键是要有后一分句表示结果的词语与之照应。例如：

55仗着自己长得漂亮点以为什么都能得到，就以为很了不起，其实只不过是一个用来摆设的花瓶而已。

56不要太花心思，稍微漂亮点就可以了。

57个高些就可以轻松地看到车头离杆的距离在车子面前。

58腿细一点她就会参加模特队了。

### 5.1.6 “真（的）”

“真”作为形容词，表示“真实”、“清楚”、“确实”等。它的语义与虚拟和假设都是完全对立的，然而它也可以用于假设句。例如：

⑲要真是你的事，你要我管我也不管，但现在不是这样！

⑳将来你要真成了个肥胖的百万富翁，我要饭要到你门口，你可不能装作不认识。

㉑如果她真的成了一流歌星，那咱们就是第一个发现她的刊物啊。

㉒如果中国真是有了这么一批唐元豹，少一些你我之辈，我看中国的事要好办得多！

㉓如果你真在这里，听到我的话，——便教这乌鸦飞上你的坟顶，给我看罢。

蒋严等认为“真”是表明假设句的违实标记，然而，有“真”修饰的假设句，既可以表示可能假设，如例⑲、⑳、㉑，也可以表示违实假设，如例㉒、㉓，说明它不能成为一个违实标记。它只代表了说话者对于可能性的一种判断。有“真”比没有“真”的可能性更小而虚拟性却更强一点儿。例如：

例⑳和㉑分别改为：

⑳'将来你要成了个肥胖的百万富翁，我要饭要到你门口，你可不能装作不认识。

㉑'如果她成了一流歌星，那咱们就是第一个发现她的刊物啊。

删除了“真”或“真的”，句子中便没有了说话者主观判断的意味。

“真”也可以独立表示假设，句子中也可以补足假设关联词。例如：

㉔真的到了那一天，我也不会放大我的悲伤，能够活着已经是一种幸福。

㉕20多年来，他每天都盼望着哪一天奇迹发生，妻子突然能站起

来了。真的到了那一天，他要做的第一件事就是让妻子打扮得漂漂亮亮，陪妻子好好逛一次商场。

⑥6你真为我着想就不要这样了好吗？

⑥7别说这些虚头巴脑的客套话，真为我着想就抓紧时间。

⑥8可是你们的服务态度太令人失望了，别再让我等了，真的找不回来给我句话。

⑥9一个人真想走就不必强留。

这些句子中都可以不出现表示假设的关联词。反之，要是没有“真”，就必须补足假设关联词才能表达假设意义。

以上这些词语的假设用法和其他接动词的用法区别在于：假设用法总有后续部分，即有头有尾。凡是一个假言命题，就必定导致某种结果，否则这种假设就成为多余。所以，鉴别是否表示假设，关键是后续部分。而它们与那些假设关联词的区别是它们既可以与那些关联词结合也可以单独使用，都表示假设。可见，是意义决定形式，而不是形式决定意义。

### 5.1.7 “了”

“了”有两个，“了[1]”用在动词后，主要表示动作的完成或实现。“了[2]”用在句末，主要肯定事态出现了变化或即将出现变化。例如：

（1）“动词＋了[1]＋宾语”不可独立成句，有后续小句时，可以表示假设。

⑦0你做完了功课，我才让你替我去办这件事。

⑦1你吃了饭再去吧。

（2）“动词＋了[1]”不可独立成句，有后续小句时，也可以表示假设。

⑦2水混了才好摸鱼。

⑦3咱富了不能忘了村民，大伙都富了咱心里才踏实。

⑭大嫂，快吃，吃完了就去学剔肉！

⑮他知道自己的皮夹里是怎样的空虚，不能输，输了就当场出彩。

这两种结构又都可以表示已经发生的事情，并非假设，是前一动作完成后再发生后一情况。例如：

⑯看了电影我就回家了。

⑰刚换了衣服，你又弄脏了。

⑱来了就坐会儿，反正我也没事，你不来我还不知道找谁去呢。

⑲好，看完了就算了，别紧自想！

区分这两种句子类型的方法是看能不能添加假设关联词。这一方法很容易就能把这些事实句从假设句里排除出去。例如：

⑯＊如果看了电影我就回家了。

⑰＊如果刚换了衣服，你又弄脏了。

⑱＊如果来了就坐会儿，反正我也没事，你不来我还不知道找谁去呢。

⑲＊好，如果看完了就算了，别紧自想！

假设句如果添加关联词后仍然能够成立，并且假设意义更加明确。例如：

⑳这是头一次到杨家来！你们俩放开量喝，走不了就住这儿。（如果走不了就住这儿）

㉑赶紧去吃去，吃完了就去做功课去，啊。（如果吃完了就去做功课去）

㉒有些事你现在还不明白，你长大了就知道了。（如果你长大了就知道了）

㉓你就早点儿睡嘛，睡着了就不觉得饿了。（如果你睡着了就不觉得饿了）

这些句子的前项往往有提示，所假设的事情还没发生。例⑧⓪中的“你们俩放开量喝”，说明他们还没放开量喝，也就还没醉，不会已经走不了。例⑧①中的“赶紧去吃去”说明还没吃，更加不可能已经“吃完了”。例⑧③中的“你就早点儿睡嘛”说明还没睡。

有时“动词＋了”前面会有否定词“不”，也可表示假设。例如：

㉞功课不做完了心里不踏实。

㉟事情不讲清楚了不行。

## 5.2　句法手段

有些句子既没有假设关联词，也没有表示假设意义的词语，它们的假设义是通过句式实现的。

### 5.2.1　精简形式

①唇亡齿寒。

②鸟尽弓藏。

③牙好胃口就好，吃嘛嘛香。

这些例子有的来源于古汉语的成语典故，有的是现代广告语言，它们的特点是精练简单。如果例③改为：

④如果你的牙好你的胃口就会好，不管吃什么都香。

例④加上了明确的假设关联词，意思虽然没有变化，但是表达上啰唆繁杂，没有原文简练，显然不符合广播电视中广告语的要求。

当然，精简形式有一个缺点，就是会使人们在理解上产生歧义。例③不但有例④一种理解，还可以理解为：

⑤因为我的牙好，所以我的胃口好，不管吃什么都香。

这就不是假设，而是单纯的因果关系。制约语义理解的是上下文语境：因为做的是牙膏广告，所以就排除了因果关系。

也正因为如此，这种精简形式在假设复句中占的比例比较小。

### 5.2.2 排比形式

假设本来就是表示可能，而可能就会有两种或多种选择。因此，假设会用大量的排比格式来表示两种（或者以上）可能带来的结果。可能性又分为两种：一种表示两相对立，如例⑥，不是善就是恶；另一种表示多种可能，如例⑦，种瓜和种豆是多种可能中的两种。

⑥善有善报，恶有恶报，不是不报，时机未到。

⑦种瓜得瓜，种豆得豆。

这种排比格式还常常用感叹词来呼应。例如：

⑧这两个主意虽然不同，可是结果一样：不去呢，她必不会善罢甘休；去呢，她也不会饶了他。

⑨就这么大咧咧的瞎混吧：没饭吃呢，就把车拉出去；够吃一天的呢，就歇一天，明天再说明天的。

⑩医院实在太远了，坐街车吧，路上得两个小时，坐出租车吧，系里哪有这么富？

### 5.2.3 对比形式

假设句的主要语义关系就是对比。因此，对比格式常常省略了假设关联词而表达假设含义，以后项的假来反驳前项的假。例如：

⑪你是美国总统，我就是联合国秘书长。

⑫哈，你去过南极，那我还去过太空呢。

### 5.2.4 呼应格式

⑬你是问路的吗？问路就下车来问。

⑭你喜欢这条裙子吗？喜欢就送给你了。

⑮你不喜欢喝咖啡啊，不喜欢我就倒了。

上述句子出现了疑问句，疑问句表示可能性，可以有两种回答：是或不是。任何一种可能都可以进入假设格式，表达假设含义。

这些句式的共同特点就是它们都可以补足假设关联词而不影响句法和语义。而出现这样的形式，则是表达的需要或者说是语用的需要。

# 6 虚拟性假设与时间关系

## 6.1 现代汉语时间系统

要弄清楚假设的时间性对判断假设句的真假与虚拟的强与弱具有怎样重要的作用，就必须了解假设与时间的关系。而要了解假设与时间的关系，就必须先了解现代汉语的时间系统以及几个基本概念。

通常认为，现代汉语时间系统可以分成三个主要部分：①

一是句子的时相结构，体现句子纯命题意义的内在的时间特征，主要由谓语动词的词汇意义所决定，其他句子成分的词汇意义也起着重要的选择和制约作用，其中宾语和补语所起的作用尤为显著。

二是动词的时制结构，指示情状发生的时间，表现为该时间与说话时间或另一参照时间在时间轴上的相对位置。又有绝对时制和相对时制之分。绝对时制是指谈话中以讲话时间为参照时间，情状如果发生在讲话的同时，则是现在时。发生在讲话前就是过去时，而发生在之后，就是将来时。而相对时制是指句中情状不止一个，而且其中的一个不与讲话时间发生关系，而是跟另一个发生关系，以致第一个的时制只有参照了第二个的时制才能确定。

三是句子的时态结构，表现情状在某一时刻所处的特定状态。

其中最受关注的是汉语的“时制”和“时态”特征。因为时制和时态都是语法范畴，它们是结合着意义和形式的系统。但是汉语的特

① 陈平．论现代汉语时间系统的三元结构．中国语文，1988（6）：401．

点是缺少形态上的屈折变化，因此，关于汉语中是否存在时态范畴的争论很是激烈。比较普遍的观点是认为汉语中有一些专用的语法手段，例如，助词“了、着、过”出现在句子中揭示句子的时态特征。而汉语没有形态范畴，时间的概念完全是通过时间词语和上下文确立的。当然也有人认为汉语中存在时制系统。

张济卿认为汉语的时制结构是以将来时与非将来时的对立为基础的。因为汉语中只有将来时的句子才肯定有时间标志，过去时和现在时的句子则不一定有时间标志。无标记的情况下必须通过排他式解析方式来确立自己的时制。即首先肯定它们是非将来时，再结合体的作用，从非将来时的两个时制（现在时、过去时）中确定一个。比如说：

我在老王家遇见小李。/ 他获得一笔奖学金。/ 我写好两篇论文。/ 他扔掉许多旧书。

首先，确定这些都不是将来时。表示将来时必须要加上标记词。例如：

我将在老王家遇见小李。/ 他将获得一笔奖学金。/ 我将写好两篇论文。/ 他将扔掉许多旧书。

然后依据它们都是一次性动作，一次性动作除了进行 / 持续体之外，是不可能有现在时的，从而确定这些句子都是过去时。[①]这些关于时体范畴的论述立足的都是现实陈述句，那虚拟范畴里的假设句是否也遵循这样的模式呢？请看例句：

①如果我在老王家遇见小李，我会告诉他。

很明显，原句进入“如果”句式之后，时制发生变化，从非将来时变成了将来时。因为在说话的时刻“我还没有遇见小李”。

原句“我在老王家遇见小李”表示过去发生的事情，而在假设句式中要假设过去发生的事情必须加上体标记词“了”，如“如果我在

---

① 张济卿．论现代汉语的时制与体结构．语文研究，1998（3~4）:19．

老王家遇见了小李，我会告诉他。可惜我没见到他”。又如：

②如果他获得一笔奖学金，他就去英国留学。

③如果我写好两篇论文，我就可以申请答辩了。

④要是他扔掉许多旧书，书柜不会像现在这样挤了。

同样，这些句子也不但不能肯定是非将来时，而且只能是将来时。

由此可以看出，假设句中的时间关系与现实句的时间关系不能同等对待。但是我们无意参与汉语是否有时体标记的论争，而重在分析假设句中的时间特征。同时，虽然句子的核心是动词，但我们在分析假设句的时、体特征时，谓语动词的情况很复杂，而其他成分似乎更容易操作一些。于是我们便以时间词语为出发点，把它们与那些没有标记的语句隔离开来，作为分析的第一对象。

时间词语有两种：时间副词和时间名词。时间名词和时间副词都表示时间，都可以充当状语，因此很容易发生混淆。比如：

时间名词：将来、现在、过去、刚才、最后、原先

时间副词：即将、正在、已经、刚刚、终于、预先

时间副词和时间名词的区别在于：副词的语法功能是只能作状语，而“将来、现在、过去”等可以作主语，作动词和介词的宾语，也可以作定语，还可以后加“的”构成“的”字短语[①]。关于时间副词与时间名词的争论有很多，在此我们避免涉及类似的纷争，把所有明确表示时间的词统称为时间词。重点放在分析时间词的特征。

## 6.2 时间标示词与假设

邢福义在分析“即使”句时，提出“那时、在……时候(地方、中、里)”之类的副词具有标记实言句的功能，而本书第二章则提到假设引导词后类似时间词具有虚拟提示功能，那么到底这些时间词的功能如何呢？

---

① 邵敬敏．现代汉语通论．上海：上海教育出版社，2001. 188.

有明确时间词标示的有：

（1）过去时：时间副词表示过去的有："从前"，"从来"，"当初"，"起初"，"早已"，"向来"，"本来"，"原来"，"近来"，"已经"，"曾经"，"刚"，"才"，"刚才"，"方才"等。显然这些词基本上都可进入假设句式。例如：

①假如当初不是您领我走出了生命的低谷，我哪能有今天的成绩和欢乐，而这一切，都是以您的白发、您的皱纹、您的劳心劳力为代价的啊！

②假如起初没有高斯先生的资助，也就没有我后来的发展，没有我后来的路透社。

这两句都是关于过去的假设，有很强的虚拟含义。但是句式中用了否定形式，否定词有明确的虚拟标记功能，不能确定完全是时间词的因素。再看其他例句：

③我如果当初老老实实跟上中年男子去认下他，这时就容易多了。

④如果我当时多少成熟一些，我会知趣地走开，可是我是如此珍视和她相处的每分每秒，根本就没想过主动离去。

"当初"、"当时"进入假设句式，紧跟"如果"后，可以确定其虚拟性。句子表述的情况与事实相反。

"刚才"用于假设词"如果"、"假如"之后也表示虚拟。类似的词还有"方才"等。它们可以放在"如果"之前和之后。例如：

⑤刚才我们如果冲上城去杀了赵鞅，那就什么事都没有了。

⑥如果你刚才不对我说那样一番话，我绝不会将这样一封信给你看的。

⑦心中安定了，开始设想：假如方才不害怕，他们也未必把我怎样了吧！

“已经”表示动作、变化完成或达到某种程度，严格来说是体标记，但是也有揭示过去时的作用。例如：

⑧如果我已经嫁人，有了孩子，这事再有趣我也不会让你来。

有的过去时是隐含的，例如：

⑨如果许立宇一直干到今天，那他早就是个人民币百万富翁了。

“一直干到今天”暗示时间的起点在过去。

以上列出了若干表示过去的时间副词和时间名词在假设句中的用法。必须表明的是，这里所提到的过去时间，是一种绝对时制，即以说话时间为参照点，也就是“现在”。这种过去时用于假设句式的情况，虚拟含义最为强烈，隶属于违实假设的范围。

但是当假设句式的前后项都出现时间词成分，并且有严格对比含义的时候，虽然前后项常常是过去与现在的对比，如例⑩、⑪，句子已经没有虚拟义，前项描述过去真实的情况，与现在的情况呈一一对应的关系。

⑩如果说过去我对上学只是厌倦，现在则完全是厌恶了。

⑪如果说，十年前他参加工作之初还完全没有经验的话，那么，现在他的工作经验就丰富多了。

时间词在句子结构中有不同的情况。可以是时间词在假设前项里作状语，如前面所示的所有例句，也可以直接是表状态的假设前项，如例⑫、⑬、⑭，这种情况也是虚拟的，因为“现在不是从前”。与例⑩、⑪不同的是，句中虽然出现了与“从前”对应的词“现在”，但是“现在”不是假设的后项，不受“如果”的管辖，且对比来自假设句外，因此两者在句内不构成严格的对应关系。

⑫如果是从前，或许她会从中获得一种满足，而现在，她觉得对于一个男人来说，这样的话非但一点儿也不幽默，而且还挺没劲——即

便你不愿意换一种生活方式的话，也应该在自己固守的生活理想里有滋有味儿。（这是单纯对于时间的假设）

⑬如果是从前，她肯定又要跟他争起来了，可现在，她觉得一点兴趣也没有。

⑭如果在以前，小王会燕子似地飞到北屋，给老爷子送去了，可现在，她觉得不如把它交给杨妈。

（2）将来时：大多是不定指的。假设句中的将来时比过去时的虚拟性要相对弱一些，但是它与现实仍然是对立的，是没有实现而假设已经实现了的。主要有“将来”、“有一天”、“以后”等词。

⑮过去当他还是个小孩时，他含泪忍痛躺在被窝里悄悄发过的一个誓：如果将来我有了孩子，我永远不打他！

此处说的“将来”也是绝对时制，比如例⑮，句中的“将来”对于现在来说也许已经是过去，但是对于“过去”，“他发誓”的参照点应是“将来”。又如：

⑯如果你有一天陷入了逆境，如果有一天华北真的又使出他在阿勒泰的那一套，我会伸出手来，尽力帮助你的，尽管我的这条手臂已经受了伤。

⑰假如有一天不让你下棋，也不许你想走棋的事儿，你觉得怎么样？

⑱他忽然意识到，以往他确实满足了母亲的索取，他还想到，如果将来有一天，他成立自己的家庭，母亲还会以同样的模式来索取他的关注。

⑲认识你是我此行一大收获，如果以后你和冯小刚掰了，请第一个通知我。

⑳如果以后我不能去日本，把你留在中国，你能吃得消吗？

甚至还有些词组有时间标示功能。例如：

㉑假若我有朝一日和家庭闹翻了，我仗着什么活着呢？
㉒假如我有朝一日当了校长，我将规定每天都有考试。

（3）现在时："此刻（时）"、"现在"、"眼下"等。

㉓如果时至今日，她去唱流行歌曲，不费劲就是一个"大腕"。
㉔虽然已经不再工作，再怎么说自己当时也是整个市场部最有潜力的员工，如果时至今日还在公司内工作的话，也许也已经升迁了吧。

"时至今日"：如果是现在。又如：

㉕如果此刻她也在这间小屋里面，无论是蹲在灶火旁，坐在炕沿上，或躺在被垛上，都只会使这温暖起来的小泥屋增添更多的温暖和亲切。
㉖我只是想判断一下局势，如果他们现在没跟我，那说明我还能活几天。
㉗如果现在真是为她考虑的话，你就不要往她家里打电话。
㉘假如眼下我有就学的孩子，就算交得出学费，我也乐意让他纠集一班读不起书的孩子自家办学。
㉙如果眼下突然提出离开家，难免闹出一场翻天覆地的骚乱。

以上列出的都是时间名词和时间副词，除此之外，还有一类词也能表述时间，那就是代词，我们称为时间代词。时间代词的情况要复杂一些。

通常认为"那"是远指，"这"是近指。因此，"那时"表示过去或将来的时间，"这时"表示现在的时间。"那时"不管是放在假设引导词的前面还是后面，都可以确定其句子的虚拟性。例如：

㉚回忆这段往事，他不无感慨地说，这确是很好的机遇，如果那时我有足够的资金，就可多赚几大笔了。（由上下文语境"回忆这段往事"指示"那时"所指为过去）

㉛那时我如果闭上眼睛，任凭身体往下沉去，也许就结束了自己的生命。

㉜假如那天他咬住大黑的耳朵？

㉝那时候她如果夺门而走，我想我是不会去阻拦的。（确定她当时没有夺门而走）

原句若是改成：

㉞这时候她如果夺门而走，我想我是不会去阻拦的。

句子就不是对于过去的假设，而是对于现在的假设，指她现在还没有夺门而走，但是有可能走。又如：

㉟马林生陷入了犹豫和两难的境地，如果这时掉头就走，那无疑更像是一次卑鄙的窥探。

㊱如果，这时候被哨兵发现，当场就会被打死在墙头上。

“这时”并非指说话时，而是指当时（叙述场景中的时间）。又如：

㊲那是公元1279年，农历正月，他已兵败被俘，恰值英雄末路，在元军的押解下，云愁雾惨地颠簸在崖山海面。如墨的海浪呵，你倾翻了宋朝的龙廷，你噬碎了孤臣的赤心，此一去，“百年落落生涯尽，万里遥遥行役苦”，“以身殉道不苟生，道在光明照千古”。无一丝一毫的张皇，在这生与死的关头，他坦然选择了与国家民族共存亡。但见，一腔忠烈，由胸中长啸而出，落纸，化作了黄钟大吕的绝响。这就是那首光射千古的七律《过零丁洋》：“辛苦遭逢起一经，干戈寥落四周星。山河破碎风飘絮，身世浮沉雨打萍。惶恐滩头说惶恐，零丁洋里叹零丁。人生自古谁无死，留取丹心照汗青！”假如文天祥在这时候就死去，结局又会怎样？毫无疑问，他是可以永生的了。

“这时候”指代“公元1279年”。但是文中出现三个时间点，“公元1279年”，“这时候”以及说这句话的时候。绝对时制以说话时为参照点来说是过去，相对时制则以文中出现的“公元1279年”是现在。

有时不用时间词，而用指示代词，也起同样的作用。

㊳我知道如果这次放了她，下回再碰见我也不会有勇气跟她搭讪了。

“这时候”必须与“这个时候”区别开来。在有明确上下文的情况下，“这个时候”可以指过去也可以指将来的某个时间。例如：

㊴如果去年的这个时候我认真做论文，我现在就已经毕业了。

㊵如果明年的这个时候我还没毕业，那我都没脸见人了。

㊶如果明天这个时候，我看不见什么工人的话，你需要找个律师来。

“这个时候”是代词，完全受前文的时间词的管辖，不能单独表示具体时间。

“那时”绝大部分是指向过去的某段时间，如例㉚、㉛，但也可以指向将来。例如：

㊷我打算明年回老家过年。如果那时我不用减肥了的话，我要把家乡的所有小吃吃个遍。

㊸另外一瓶我要保存起来，等到十年、二十年后，假如我们还有机会重逢，那时再喝，保证香甜无比。

只有在句子中出现了明确的时间词“明年”，“那时”指代它，句子才指向将来。例如：

“在……时候”、“到……时候”等用在假设词后也可以确定其虚拟性。“在……时候”可以是对过去也可以是对现在的假设，“到……时候”则只是对将来的假设。例如：

㊹如果早几年，在我也还涉世未深的时候，我会为她的举动拍手欢呼。

㊺1971年，在他和他的同事们被“四人帮”批判围攻的时候，如果你和我去和工宣队军宣队讲理，恐怕要出惨案。

上两句“在……的时候”表示过去，因为出现了“早几年”、“1971年” 等明确表示过去的时间词。可以看出，在有两种选择的情况下，指代性时间词的时间性是由句子的上下文以及明确的时间名词和时间副词决定的。在不出现时间词的情况下，则表示现在状态，因为其没有具体的时间点，我们可以称其为泛时。又如：

㊻我和父亲出门的时候，父亲回过身关照小燕，如果见到弟弟的话，请转告他晚上一定去他哥那一趟。（将来，以“我和父亲出门的时候”为参照点）

㊼不过在写的时候如果想着反正还要修改的，那么就容易给自己留余地。（泛时）

㊽哥哥假如支持不起的时候，我就留在这儿等到哥哥毕业吧。（将来）

而“到……时候”单一地表示将来。例如：

㊾现在关东军不过是在利用溥仪，如果到了一点利用价值都没有的时候，他们就会毫不怜悯地杀掉溥仪。（将来）

㊿可是拆院墙也太过分了，到时候如果有人趁婚礼打劫怎么办？（将来）

不定代词也和指示代词一样，受到时间词语的制约。例如：“哪天”在没有时间词语限制的情况下表示将来。例如：

(51)万一哪天你跑了，我怎么办。（表示将来，“你还没跑，但有可能跑”）

(52)如果哪天你来了，我会带你去一个绝妙的地方。

(53)父亲每天都要到附近的村子里去做活，如果哪天实在累了、身上疼得起不了床，就必须由母亲去为他请假。（表示现在状态的泛时，受“每天”的制约）

可以看出，只要句子中出现了明确的时间词，或者其他提示时间关系的副词，不管表示的是现在、过去还是将来，都会使句子具有虚拟性。句中的过去、现在和将来都是绝对时制，是以说话时间为参照点的。

## 6.3 假设句前后项时间关系

上文所述都是假设句式中假设前项的时制，在复句中我们还要考虑前后项时间关系是否一致的问题。

假设句中前后项的时间关系在时间轴上来说绝大部分应该是顺向的。当假设的时间以说话时为参照点，并且假设前项为过去的时间点时，后项在时间轴上与前项属于同一时制或位于其后的时制。

当然也有完全一致的，即假设前后项在时间轴上位于同一个点。此时在前后项中只出现一个时间词。例如：

①如果没事，明天到学校来玩吧，还没有听你讲讲城里的事情呢。

句中的“没事”，应该指的是“明天”的情况。原句相当于“如果明天没事，到学校来玩吧”。

也有时间发展的，即假设后项的时间点在时间轴上位于假设前项之后。也分为几种情况：

一是前项表现在，后项表将来。例如：

②如果我谨遵医嘱，我的病会不会在可预见的将来痊愈或者大体恢复？

③如果现在还不走，以后就走不了了。

二是前项表过去，后项表现在。例如：

④如果事态就这么没有波折地发展下去，今天我就该祝贺你了，也不会来找你麻烦。

⑤如果前几天你没走，现在就可以见到她了。

三是前项表将来，后项表将来。例如：

⑥薇薇，要是你烫了发，明天便不必喊我妈妈了。

“烫发”肯定会要发生在“不必喊我妈妈”之前。又如：

⑦他笑着答应给她安一个金牙，假如来年财神保佑铺子多赚些钱。

这个例句前后项出现了倒装，实际上前项是“来年财神保佑铺子多赚些钱”，后项是“给她安一个金牙”，也就是前项为将来，后项是将来的将来。

有时候前后时间联系非常紧密，时间差很短。前项出现“立刻”、“马上”等词语表示即将发生，后项是前项的直接后果，影响很快，但在时间上，仍可以看出从现在到将来的变化痕迹。例如：

⑧假如我现在有三千块钱，作一批行头，我马上可以到上海去唱两个星期。

⑨假如她遇上一个好男人——她愿立刻改掉一切的恶习。

⑩如果他的主人公说出“饿死事小，失节事大”这类的屁话，我会立刻合上书，中断阅读。

⑪你别耍滑头，如果我找不着你，我就立刻检举刘志彬，顺着他的藤总能摸着你的瓜。

⑫我也是这意思，如果大家没意见，我立刻就着手办了。

⑬如果忘了加稀饭咸菜，马上就会肚子胀肚子痛。

正因为假设句的基本语义表现为“条件—结果”的逻辑关联，从时间上来说就是顺向关系，因此当前项没有出现时间词时，往往可以从后项往前推导。后项有“今天”、“至今”、“现在”等，在一般情况下，前项就发生在过去，或者发生在“过去”到“现在”的时间轴上。例如：

⑭如果我真要这么做的话，你已经破产了。

⑮如果正常发展，到今天混得再惨也能以副军职离休。

⑯如果没有书，我们至今还将在黑暗中摸索……

后项明确表示将来，则可以推导出前项表示现在。例如：

⑰如果没有奇迹出现的话，在这几天之内他就会……

⑱他的公司很不景气，营业额日趋萎缩，如果固定资产和流动资金两项不能达到二十万元水平，今年年底就要被政府勒令解散。

⑲如果从四期开始连载，每期五千字，四万字发八期，哦，今年内还能发完，可以，我同意。

前后项出现的时间点也会有反向的，即后项的时间点在时间轴上位于前项的时间点之前。这样的情况，是一种反向推导。虽然时间上是“现在—过去”的关系，但是从逻辑意义上来说，还是前后因果的关系，因为“今天没来”推导出“昨天”的事情。但是从实际意义上来说，后项是因前项是果，“昨天就是他把小饭馆砸了”才会导致“他今天没来上课”。请看以下例句：

⑳如果他今天没来上课的话，昨天就是他把小饭馆砸了。

㉑要是我今年毕不了业，那是我上个学期几门考试没及格的缘故。

从上述例子可以看出，原来时间关系也与假设句式中蕴涵的因果关系基本一致，即前有因后有果。

此外，并不是所有的时制都有一个确定的时间点，有时在时间轴上显示出来的是一个时间段，即持续着的情况。例如：

㉒如果你一直就是这么认为的，那你当初就该老老实实地告诉我，你要是个负责的人。

㉓如果你能一直这么认真地练琴，到你十八岁生日的那天我会送你一件特别的礼物。

句子后项是将来的一个确定的时间点，而前项则是从现在持续到将来的那一时间段。又如：

㉔要是出院以后就节制饮食，你现在就不会这么胖了。

句子后项表示现在，而前项的时制则是过去的某个点。（即“出院”之后到现在的时间段）又如：

㉕假如这次考试我能通过，我以后一定好好学习。

句子前项表示现在，后项表示从现在到将来的时间段。

假设引导词后出现明确的时间标示词（包括时间名词和时间副词等），说明假设的内容为事件，即主体、客体和行为动作或者状态都出现，所有的行为动作都必须附着于一定的时间，从而可以轻易地判断这些事件都不是真实的，是虚拟的。前文所采用的例句都是一般条件句，“如果”、“假如”、“要是”等。

那么，这些时间标示词是否可应用于所有假设引导词后，揭示句子的虚拟性质？

充分条件和必要条件与时间的联系也不多。是否可以证明那些是条件句而非假设句呢？

“只有”句和“只要”句很少使用时间词，但是也有。例如：

㉖究竟雪人和野人是不是存在，只有将来我们真正逮到它们时才能证实。

㉗只有当我们的应用软件都像方正系统一样独树一帜的时候，中国的软件产业才算是真正拥有了未来。

㉘只要你过去没做亏心事，就不要怕鬼敲门。

周遍条件句，如“无论……”、“不管……”等。例如：

㉙无论你过去在省里如何受宠，在学院拿了多少五分，在这儿都得老老实实地跑龙套。（“我”不知你过去有多受宠）

㉚我记得你过去说过，不管将来什么时候，我要饭要到你门口，你都给。（此句话以过去的时间为参照点，因为“不管”后部分受“过去说过”的管辖，即“我”不知何时会要饭到你门口）

逆反条件词，如“即使”、“就算”、“哪怕”等。例如：

㉛她想到，即使马上再遇到招弟，马上去当特务，她也会连眼也不眨一下，便去冒险，牺牲。（现在还没有遇到招弟，有可能很快遇到，也可能不会遇到）

㉜如果你侄子跟另一个人吵架，本来他是对的，就算你将两个人各打五十大板，对方也未必服气。（“你”还没有将两人各打五十大板）

㉝孙中山说：“不怕。只要和她结婚，哪怕是明天死了我也不后悔。”（明天不太可能会死）

从以上例句来看，时间词语出现在不同的假设句式中都有表达假设的作用。关于过去的假设是违实假设，表示现在的假设可以是违实假设也可以是可能假设，表示将来的假设则只能是可能假设。可见，以时间词语来判断句子的虚拟性是一种最直接的方法。

我们还要再看看几个特殊的副词，它们不同于时间副词，时间副词不能独立用于假设句式，而以下这些副词在抛开假设引导词之后还能单独表示假设。如“早”、“再”等。

假设句中“早”是相对于现在，从时间点来说，是在“现在”之前。“再”也相对于“现在”，是“现在”之后，所以，“早”字假设句是违实假设，而“再”字假设句是可能假设。例如：

㉞你再不改，我和你就断交！

㉟被鱼刺卡了的知青咽几口血水，呆了十来秒钟，突然发现再不下手抢，就没有鱼吃了！

㊱早知道你会这样，我就不会冒着生命危险杀人啦。

㊲他很后悔，早知道大夫的办法是这么简单，他自己就会治这个病，何必白花三十元钱呢！

## 6.4 “了”在假设句中的时体作用

在分析了时间词语所表示的时制在虚拟范畴所起的标示作用后，把带有时间词语的语句从进一步研究的对象中剥离出来，再寻找虚拟的形式标记会困难很多，现代汉语界对“有无时体标记”争论一直很多。不过，“了”、“着”、“过”这几个词是比较普遍接受的体态标记。

体，也就是陈平所说的现代汉语时间系统三元结构中的时态部分，它跟时制不同，是对事物本身的观察方式，是用来说明时态处于何种状况或者阶段的语法形式。体跟时间也有关系，但是只是跟时态过程中的内部时间有关。基本的体有两种，即完成体和未完成体。

在第一节中提到，假设句中的将来时可以没有标记，但过去时会有标记。例如：

①如果我在老王家遇见小李，我会告诉他。

这句话只能作将来的假设理解。只有加上“了”才能表示过去。

②如果我在老王家遇见了小李，我会告诉他。（可惜我没见到他）

“了”和表过去的假设词联合作用。例如：

③如果他在那灾难的年代不幸被整死了，现在来平反，也足够在报纸上写上半版纪念文章。

④如果当年自己到了剧团，现在也许真唱红了。

但是加了“了”的假设句并不必然表过去。尤其是句子中出现了表示将来的词语。例如：

⑤如果我有朝一日打破了酒盅，他就会拧断我的脖子。

为了避开时间词语的指示作用，考察“了”单独使用的情况，我们可以回避所有含时间词的假设句。

“了”可位于前项，也可位于后项。在后项句尾，往往是“了[2]”。例如：

⑥要是能够到天摸着月，摘到星星就好了。

⑦她要是有地方躲，也不会跑到我们这男兵窝里来了。

⑧刚才一定有一道极强的闪电，我们要是能看得见，就不至于吓一跳了。

“了”位于前项动词后，则是“了[1]”，表示完成或实现，也称为完成体标记。例如：

⑨如果我侵占了其他动物的地方，那么半夜里就有什么在一旁走动。

⑩如果他占据了墙根，他是不会这样叫的。

然而，“了”位于假设前项部分并不一定指示为对于过去的假设。例②可以有另外一种理解：

②'如果我在老王家遇见了小李，我会告诉他。（我一见到他就会告诉他的）

再如：

⑪如果一个人喝了过多的茅台，饭后再点起一支烟卷，那他马上就会爆炸！

⑫他要是看见了爸爸的遗像，知道了爸爸由于我……他会怎么样呢？

⑬如果出工的钟声响了，一房子劳改犯们都急急忙忙爬起炕的时候这个人居然还敢大模大样地睡在被窝里这个人肯定是死了。

⑭腊子要是回来了，让他赶紧来看爷爷！

⑮你要是去了美国，给我来封 e-mail。

⑯一天我和老伴儿，如果……都不在了，希望你能将她当成自己

的女儿一样，对她负起份儿责任来……

以上例句中的“了”是“了[1]”，但是它不一定指向过去，而只是表示完成。可以是将来某个点完成的，这个点就成了后项的时间起点。例⑮中表明“你还没有去美国”，“来封 e-mail”是在“去美国”完成之后的事情，所以“去美国”后加了“了”。可见，“了[1]”不能作为判断可能假设和违实假设的体标记。

再来看看后项的“了[2]”。“了[2]”在现实句中是肯定事态发生了变化，在假设句中表示实际上没有发生那样的变化。例如：

⑰如果走直线，他们十分钟就到了。（他们实际上没到）

⑱如果农民也实行八级工资制，磕巴舅刀该是当之无愧的八级工匠了。（事实上不是八级工匠）

“了”与表示时间的“早”联合起来，强调了应该发生却没有发生的事情。例如：

⑲如果换了我，早就在过长江时跳下去了。

⑳如果站在他面前的不是曾经是他如此亲密的朋友，他早就将拳头扔过去了。

“了”还可以与否定式一起联用，表示与实际情况相反。可见，否定式对于假设意义的判断也是非常重要的。例如：

㉑如果父亲是反革命，这个世界上就没有革命了。（世界上有革命）

㉒我不知道你心情这么不好，如果我事先知道，我就不会麻烦你，打搅你了。（实际上我麻烦了你）

㉓你如果是李一红她爹妈，你就不这样想了。（你是这样想）

㉔如果那天晚上他和以往一样送小美去上班的话，小美就不会出事了。（小美出事了）

同时，它还可以表示即将发生变化，是一种可能性假设。例如：

㉕如果你梦见了狗，我会告诉你要失财了；如果你梦见了火，我会告诉你要进财了；如果你梦见了棺材，我会告诉你要升官了。

㉖他们说如果加木措能到饭店来带我到训练场，加木措就赢了，反之，他们就赢了。

㉗如果“钳工王”再失业，他们的日子就没法儿过下去了……

㉘但从今以后，如果让我抓到了证据，我就对不起你了。

# 7　假设性虚拟与否定

肯定与否定是语言的两种对立的形式。汉语中肯定句为无标记，否定句为有标记。标记分为两种：一是否定副词，如“不”、“没”、“别”等；二是否定格式，反问句和特殊结构，如“什么 × 不 ×”、“× 什么 ×”。现代汉语的否定形式的典型标记为“不”、“没有”等否定副词。对于否定副词，目前综合性的研究还比较少，而对个别词的研究，尤其是“不”、“没”的研究则相对较多，较为深入。假设句的否定形式对于判断假设句的性质有着举足轻重的作用，本章主要以“不”和“没有”为例，具体分析假设句中的否定标记。

## 7.1　假设句否定形式

假设句中的否定形式可以分为两种情况。

一种情况是假设引导词本身就是否定形式，如“要不是”、“若非”。根据说话人意愿的不同，可以分为：

（1）希望 X 不发生的。

①要不是身上背着古玩，还能跑得更快呢！（身上背着古玩，所以跑不快，所以希望身上没背古玩）

②若非妈妈手忙脚乱地把大喊大叫的我推醒，压一块冰凉的湿毛巾在我头上，我肯定会到达艾丽丝的奇境。

③要不是儿子下了乡，家里没人，他也早回广东老家去了。

④要不是课时限制，我真想在农村多实习一段时间……

⑤李老三说，还是你心好肚量大，我可不中，到现在我还背着黑锅，

要不是给我戴个大帽子说我没立场保举了坏人，我也早成国家干部了。

（2）希望X发生的。

⑥要不是北京解放了，我早就真死啦！（北京解放了，所以我才没死）

⑦他的喷嚏是一个比一个响，一个比一个猛；要不是鼻子长得结实，早几下儿就打飞了。

⑧要不是北京解放了，你自己说的，你不是要了饭，就是个小偷儿。

⑨殿下亲眼所见，若非杨过那小子出手救援，郭靖今日性命不保。

⑩要不是二胖告我，我还在冰场门口傻等呢。

假设和疑问都有隐含的否定义，“要不是”等于“假设＋否定”，双重否定实际上等于肯定。因此，“要不是”后面的假设前项X都是发生了的事件，而后项Y都是没有实现的。但有的是好的结果，是说话人希望发生的，但是却没有实现，表现出说话人的懊恼心情；也有的Y是不好的结果，是不希望发生的，也确实没有发生，表现出说话人的侥幸心理。

另一种情况则是句子中的假设部分为否定形式，否定形式可以出现在前项，也可以出现在后项，表现为以下几种情况：

（1）前项否定，大部分后项都是肯定形式，后面虽然有的不是肯定形式，是感叹句或者反问句形式，但是相当于肯定。但也有个别是单纯的疑问句形式，如例⑯。

⑪假如我没经过那回事，清清白白地遇见你，我们的爱情该多么干净美丽啊！

⑫假如我没有这么一对眼，生命岂不是个大骗局？（生命是一个大骗局）

⑬假如不是这一掏，叫这么胖的大孙子生生的憋死，怎对得起祖宗呀？

⑭我也看出来，假如我不把他拉走，他是满可以把我说得变成一棵树，一声不出地听他说个三天五天的。

⑮如果你不反对，明天我们就结婚。

⑯如果没有我，你会和谁住在这儿？

⑰如果没有你，我至今还在痛苦黑暗中挣扎呢。

⑱我也是这意思，如果大家没意见，我立刻就着手办了。

⑲不知过了多长时间，如果没有人打破，大概这一夜只能是无言的枯坐了。

⑳如果没有金府这三十多年的家教，如果不是考虑金秀的委屈，如果不记得杨妈的养育操劳，如果不是碍于张道士的面子……一句话，如果他不是张全义，换成别的什么人，早就发作开了！

（2）前项肯定后项否定。例如：

㉑如果你真要面子，就不应该让她过这样的日子。

㉒如果你自信的话，你就不需要用那种方式来证明自己。

㉓如果我的感情是纯洁的、真挚的，我就不会采取卑鄙的手段去亵渎它——我自己也不忍。

㉔如果是这样，你不要悲哀。

此种否定形式因为独用假设后项的结果部分，对假设的主体部分不产生影响，可以忽略。

（3）前后项都是否定。

㉕可是，如果没有郭燕给你透露消息的话，你也不会取而代之。

㉖如果不这样，也就不是伊汝了。

㉗如果围墙不倒的话，根本就没有事儿。

㉘《人间指南》如果没有他们这点儿热情、这点儿热诚、这点儿冒失，我看也发展不到今天这样。

㉙郑老板，如果您实在不愿意的话，我们就不勉强了。

㉚真的，我是在这孩子已经三岁那年才到这里的，如果现在我不是确实了解我的学生年龄，我怎么也不会相信那时她有三岁……天哪，比别人六个月的婴儿还要小呐！

㉛如果你不惹乱子，我不会找你麻烦。

㉜如果我不能及时拿回我的护照，我便不能履约。

㉝如果那天没碰巧和赵蕾一起出来吃饭还走了那么远，还是去那家饭馆，如果，那天傍晚咱们没碰巧正在同一个车站等人又都没等到，那我们也不会认识，也就不会有这个孩子。

㉞简言之，他没有理由在这里一个人晃荡——如果不是他上下班必经之地的话。

㉟如果你不出去，这堂课我就不讲了。

㊱如果我不是这么面对面地看着你，光听话我还会以为你是个没有同情心、明哲保身的局外人，其他那些新郎这么说倒情有可原。

前后项有一种对应关系，当假设前项有另外一种相反可能，则后项也相应发生变化。例如：

㉛'如果你惹了乱子，我会找你麻烦。

否定形式假设引导词从语义上来看有些相当于假设前项的谓语动词的否定形式。例如：

⑥'要不是北京解放了，我早就真死啦！

可以变换为："要是北京没解放/如果不是北京解放了，我早就死了。"又如：

⑨'殿下亲眼所见，若非杨过那小子出手救援，郭靖今日性命不保。

可以变换为："如果杨过那小子没有出手救援/如果不是杨过那小子出手救援，郭靖今日性命不保。"

但是，值得注意的是它们之间在假设的虚拟程度上还是有所区别的。否定假设引导词所引导的假设都是违实假设，而假设前项谓语动词的否定则不一定为违实假设。例如：

⑦'他的喷嚏是一个比一个响，一个比一个猛；要不是鼻子长得结实，早几下儿就打飞了。

实际情况是“鼻子长得结实，所以没有被打飞”。又如：

②'若非妈妈手忙脚乱地把大喊大叫的我推醒，压一块冰凉的湿毛巾在我头上，我肯定会到达艾丽丝的奇境。

“若非”后面所接的是真实情况，因为假设词绑定了否定形式，所以前项表达与事实一致的情况，而后项情况则是虚拟的，事实上是“妈妈把我推醒，我没有到达艾丽丝的奇境”。

但是假设内容否定则有两种可能：

（1）违实（完全虚拟）假设。假设的都是已经不可能成为事实或者说与已然事实完全相反的情况。例如：

⑪'假如我没经过那回事，清清白白地遇见你，我们的爱情该多么干净美丽啊！（实际情况是我经过了那回事）

⑰'如果没有你，我至今还在痛苦黑暗中挣扎呢。（有了你，我不会在痛苦黑暗中挣扎）

㉕'可是，如果没有郭燕给你透露消息的话，你也不会取而代之。（郭燕给你透露了消息，因此你取而代之）

否定形式的违实假设往往从逻辑语义上相当于肯定形式的因果关系。例如：

⑳'如果没有金府这三十多年的家教，如果不是考虑金秀的委屈，如果不记得杨妈的养育操劳，如果不是碍于张道士的面子……一句话，如果他不是张全义，换成别的什么人，早就发作开了！

这就相当于："因为有了金府这三十多年的家教，因为考虑了金秀的委屈，因为记得杨妈的养育操劳，因为碍于张道士的面子……一句话，因为他是张全义，而不是别的什么人，他没有发作开！"

当然在违实假设中的肯定后项进入因果结构之后必须相对应地换成否定形式。而假设后项是否定形式时，则与否定前项一起变成肯定形式。又如：

㉕'可是，如果没有郭燕给你透露消息的话，你也不会取而代之。

该句可以转换为："因为郭燕给你透露了消息，你才取而代之。"

（2）可能假设。可能假设的特点是假设前项提出的条件是否是事实或者是否会成为事实是未知的，结果存在着多种可能性。例如：

⑮'如果你不反对，明天我们就结婚。（你有可能反对，那我们明天就结不了婚）

⑱'我也是这意思，如果大家没意见，我立刻就着手办了。

⑲'不知过了多长时间，如果没有人打破，大概这一夜只能是无言的枯坐了。

㉟'如果你不出去，这堂课我就不讲了。（你出去了，我就讲这堂课，不出去，我就不讲）

例㉕相当于"可是，如果郭燕没有给你透露消息的话，你也不会取而代之"。

另外还需考虑的一个问题是否定词的位置。但即使否定词出现在假设前项之中也不会影响我们对于语义的理解。

从以上例句看来，否定句采用的形式有以下几个特点：

（1）由"不"标记的否定假设句大多都是可能假设，如例⑭、⑮、㉙、㉛、㉜、㉟等。

（2）"没（有）"标记的大多是违实假设。如例⑪、⑰、㉕、㉝。

（3）"要不是"等捆绑了否定形式的假设词以及"不是"等词也

是违实假设。如例①、⑥、㉖、㊱等。

同为否定词，在假设句中有着不同的使用方式，具体原因是各个词的语义特征以及受到的时间关系的制约不同而造成的。

## 7.2 假设句前项否定词“没有”与“不”

《现代汉语八百词》比较“没（有）”和“不”有以下区别：“没有”用于客观叙述，限于指过去和现在，不能指将来。“不”用于主观意愿，可指过去、现在和将来。[①]这代表了大部分人的观点。但是也有人提出批评以及修正。集中体现在两点上：一是“没有”与“不”的语义特征；二是两者是否受时间关系的制约。

“没有”的语义特征包括［+否定］、［+活动/变化］、［－性状］、［－意愿］、［+实现］；“不”的语义特征有［+否定］、［－活动/变化］、［+性状］、［+意愿］、［－实现］。根据这些特征可以区分下列句子：

①天不亮，我们就出发了。（表示状态）

②天没亮，我们就出发了。（表示变化）

③生活方式的改变和西方时装的猛烈冲击，人们除了参加婚礼外，再也不穿传统服装了。（表示意愿）

④从那以后，我是再没穿过绸衣了，我穿的粗布衣服是我娘亲手织的布。（表示现实）

虽然它们表层结构一样，但是表达的语义却不同。另外，在修饰谓语动词时，两者常常用于不同的形式。

（1）除少数表判断、同一、归属等关系的状态动词可以用“不”来否定，大部分状态动词要用“没”来否定。

---

① 吕叔湘. 现代汉语八百词. 北京：商务印书馆，1999.383.

没输　　　　　　　　× 不输
没成功　　　　　　　× 不成功
围墙没倒　　　　　　× 围墙不倒

（2）动补结构前否定用“没”，不能用“不”。

没吃饱　　　　　　　× 不吃饱
没看完　　　　　　　× 不看完
没练几年功　　　　　× 不练几年功
没说清楚　　　　　　× 不说清楚
没认出来　　　　　　× 不认出来

但是，这两种情况用于假设语义时，却可以用“不”。例如：

⑤不输就一直赌下去。
⑥不吃饱怎么能干活呢？
⑦不练几年功他是当不了武打明星的。
⑧不说清楚你今天晚上就别睡了。
⑨他不认出来谁是凶手就会一直处于危险之中。

这种形式还形成了假设的一种固定用法。当然假设引导词也可以出现。例如：

⑩听何如锦这么一说，好像突然发现了真理：是呀，如果围墙不倒的话，根本就没有事儿。

同时，由于在修饰动词时，“没有”和“不”分别具有“实现”、“意愿”的语义特征，所以在体范畴上体现为完成体和未完成体，以及在时范畴上体现为“已然”和“未然”，这也是大部分人认为“没有”只能用于过去和现在，不能用于将来的原因。例如：

⑪刘军买了房子。（“动词＋了”表示实现）
⑫刘军没买房子。（表示没有实现）
⑬刘军不买房子。（表示意愿，不打算买房子）

⑭她今天晚上不回家，因为学校还有很多事情需要她处理。（“未然”，将来时间，还没到晚上）

⑮她今天晚上没回家，我白等了她好几个钟头。（“已然”，已经是晚上了）

例⑭和⑮的时间词“今天晚上”可以有两种理解：或在说话之前，或在说话之后。因此“没”和“不”都可以使用。但出现了确指的时间词时，就受到了限制。例如：

⑯他昨天没来。

⑰*他昨天不来。

⑱学校去年没扩大招生。

⑲*学校去年不扩大招生。

⑳明天你不去学校吧。

㉑*明天你没去学校吧。

那么，在假设句中情况是否一致呢？分别把例⑫和⑬改成假设句。

㉒如果刘军没买房子，他早就买车了。（刘军已经买了房子：违实假设）

㉓如果刘军不买房子，他会去买车。（刘军可能买房，也可能不买房去买车：可能假设）

这一事实说明，确实符合上一节中“（1）”和“（2）”的判断。但还是有例外的。

“没有+动词”可以是对“动词+了”的否定，“了”是实现体的标记，那么，“没有”就是对“实现”的否认，指某事件还未实现，是对假想中本应完成实现的事件的否定，表达“-实现”的含义。当应用于假设句的时候，假设是虚拟的，是未实现的，也有“-实现”的含义，两个“-实现”等于“实现”，因此，句子的原本含义应该是实现了的。例如：

㉔我想江青如果没有积极投奔革命，毛泽东不会说这两句话；江青如果是成熟的优秀革命者，毛泽东也不会说这两句话。（当初江青积极投奔了革命）

㉕如果没记档案，包在我身上不成问题，可惜，入了档，我这边就没办法了。（已经记入档案）

“没有+名词词组”是对“有+名词词组”的否定。“有”是存在的意思。当否定的是具体事物的存在的时候，假设就是违实的虚拟，如例㉖～㉛；当否定的是泛指的事物的时候，假设就是可能虚拟，如例㉜～㉞。例如：

㉖难怪当时人们认为顾跨出校门不过三年就荣任驻美公使，除了才华之外，如果没有唐绍仪的后台撑腰，也难以这样青云直上。

㉗如果没有盖达尔我们早都饿死了。

㉘当时如果没有周总理的直接关心以及继母的四处奔波，纪念馆就很难恢复。

㉙如果没有那次意外的车祸，真不知道孙长亭还会沉沦多久。

㉚如果没有那个除夕之夜，她也许还会在姑姑家住下去。

㉛如果没有这个根，一切谣言便如小儿梦呓、腐叟胡诌，会有什么社会影响呢？

㉜如果没有旅馆，又没有住在山上的熟人，那就食宿都成问题，洞庭西山是去不成的。

㉝如果没人买你的书，你是不是觉得很尴尬？

㉞如果大家没意见，我即刻就去办。

“不”的情况相对简单，多为可能假设，如例㉟～㊲，也有少数是违实假设，如例㊳。但是“不”后接判断词“是”却都是违实假设。

㉟到了二十岁以后就再没有失恋过，所以我认为失恋就像出麻疹，你不失上几次，就不会有免疫力。

㊱如果他们俩不跑，如果他们手里再拿着枪，如果他们要杀死我，怎么办？

㊲如果你不遵医嘱的话，那就不光是眼肌暂时性瘫痪的问题了。

㊳如果刚才我不在这儿，就听不见你骂人的话了。（蒋严）

㊴如果他面对的不是他儿子呢？

㊵如果不是昨天，而是今天的馍馍上有那样的指纹印，我又会有什么样的感觉呢？

㊶她的脸黄白瘦削，但长得十分秀气，如果不是有病，她一定是个很漂亮的女人。

判断词"是"在现代汉语中已经发展为焦点标记、强调标记和对比标记（石毓智，2003），它表示很强的确定性。但是，真实情况下"是"不能用于假设形式，否定之后进入假设形式，则表达出强烈的虚拟性。

由于否定与虚拟的密切关联，以至于在某些结构中，在没有假设引导词的情况下，本身就能实现假设语义。例如：

㊷不写完作业你就不能出去玩。

㊸不是我帮了你一把，你哪来今天这番成就。

㊹没有共产党，就没有新中国。

但是它们也可以补足假设词，意义上没有太大区别，有了假设词，只是使假设关系更为显著。例如：

㊺如果你不写完作业你就不能出去玩。

㊻如果不是我帮了你一把，你哪来今天这番成就。

㊼如果没有共产党，就没有新中国。

可见，否定形式中"不是"的虚拟假设意义最强，"没有"其次，最弱的是"不 + 动词"结构。

# 8　英汉假设句比较

## 8.1　英汉对比概要

一种事物的特点，要与别的事物比较才能显示出来。语言也是一样，只有在与其他语言的比较的过程中，汉语的特点才能更鲜明地体现出来。因此，汉外对比的研究对汉语本体的研究具有非常重要的意义。从对比中我们可以看出语言的共性，也可以找出具体语言的个性。而语法对比是其中最重要的一个部分。

从语法上来说，语言中用来表示语法关系、语法意义的语法手段多种多样，重要的有形态变化、词序变化、虚词运用等。有的语言偏重于形态变化，如综合性语言法语、俄语；有的语言偏重于词序变化和虚词运用，如分析性语言汉语。汉语的特点，是在与其他语言，特别是在跟印欧语系的比较中表现出来的。汉语语法的主要特点体现在：[①]

（1）语序的变化对语法结构和语法意义起重大影响。

（2）汉语虚词十分丰富，其运用对语法结构和语法意义有重要作用。

（3）汉语词类跟句法成分之间不存在一一对应的关系。除了副词只能作状语，属于一对一之外，其余的都是一对多，即一种词类可以作多种句法成分。

（4）短语的结构跟句子的结构以及词的结构基本一致。

---

① 邵敬敏．现代汉语通论．上海：上海教育出版社，2001.170.

另外，量词的大量使用和各种重叠的语法手段也是汉语语法的重要特点。

这些特点都是概括性的，具体到虚拟范畴又有哪些体现呢？下面我们将进行英语和汉语虚拟范畴的比较。

## 8.2 英汉虚拟范畴对比

首先，英语中或者英语语法研究中也没有明确提出“虚拟范畴”的概念，牵涉到“虚拟”这一概念的有“subjunctive mood”，即虚拟语气，以及“subjunctive conditionals”即虚拟条件句。语气是指动词的不同形式，表示说话者或作者对自己所说的或所写的内容的态度。包括陈述语气、祈使语气和虚拟语气。虚拟语气指用以表示假定、意愿、希望等的动词形式。与陈述语气相反，虚拟语气往往指非真实或假设的情况。所有的印欧语系基本上都有所谓的虚拟语气形态系统，只是英语相对比德语、法语等要少一些，或者说没有那么严格。

英语中虚拟式主要见于以下几种结构：

（1）表达愿望的从句中。

① If only I had a million dollars！（我要是有一百万美元多好啊！）

（2）固定结构中。

② Long live the queen！（女王万岁！）

（3）表达建议、要求等的从句中。

③ It is recommended that each participant come early.（要求每位参加者早点到。）

（4）用于假设的或者非真实的条件句中。

④ If I were you, I’d go there.（如果我是你，我会去的。）

虚拟式句中动词主要体现为两种形式：-be 型虚拟语气（现在时虚拟语气）和 -been 型虚拟语气（过去时虚拟语气）。

（1）现在时虚拟语气。

⑤ If any person be found guilty, he shall have the right of appeal.

⑥ Whether she be right or wrong, she will have my unswerving support.

⑦ Though he be the president himself, he shall hear us.

⑧ Congress has voted that the present law be maintained.

⑨ It is essential that a meeting be convened this week.

⑩ Our decision is that the school remain closed.

（2）过去时虚拟语气。

⑪ I wish she were not married.

⑫ If only I were not so nervous.

⑬ If she were here, she would speak on my behalf.

⑭ Suppose we were lost.

⑮ The stuffed dog barked as if it were a real one.

⑯ I'd rather I were in bed.

虽然虚拟语气被定义为动词的形式类别，但实际上它也具有语义的特征，而这种语义特征体现在动词的形式上，与我们所讨论的虚拟范畴有异曲同工之处。如果说虚拟语气是从形式入手的语法分析，则虚拟范畴就是从语义入手的。它的使用范围之一的虚拟条件句，也有人翻译为假设条件句，类似于我们所提出的假设子范畴中的违实句。

假设条件句是虚拟范畴中最重要的组成部分和形式体现，所以通过假设句的英汉比较可以看出两种语言的特点。

Quirk（1985）等人把英语条件从句分为直接条件和间接条件。直接条件又分为开放条件、假设条件和修辞条件。开放条件句又称为“真实”、“事实”或“中立”条件，表达的条件可能是真的，也可能是假的。

例如：

⑰ If Colin is in London, he is undoubtedly staying at the Hilton.（科林现在要是在伦敦，毫无疑问是住在希尔顿饭店。）

假设条件句则被认为是“封闭”、“非真实”、“虚拟”、“反事实”或“有标记”条件。假设条件句表达的条件是虚假的，说话人对条件的真实性持否定态度，认为是不会实现的、非现实的或没有实现的。例如：

⑱ If he changed his opinion, he'd be a more likeable person.（如果他改变自己的看法，就更讨人喜欢了。）

⑲ They would be here with us if they had time.（他们要是有时间，就和我们一起在这儿了。）

⑳ If you had listened to me, you wouldn't have made so many mistakes.（早听我的话，你就不会犯这么多错了。）

例⑱的含义是“他不太可能改变他的看法”，例⑲的含义是“他们没有时间”，例⑳表示“你肯定没听我的话”。这三个句子都具有违实的语义特征，而这种语义特征都是可以脱离上下文和语境直接从句子本身反映出来的。它的主要标记是动词时态后移（backshift）。表示现在和将来的假设条件要用过去时，相应地，表示过去的假设条件要用过去完成时态。如下表：

| | 条件从句 | 主句 |
|---|---|---|
| 现在和将来 | 过去时态<br>eg. If I were younger... | 情态动词过去时<br>I would study Classical Greek. |
| 过去 | 过去完成时态<br>eg. If I had seen you... | 情态动词完成时<br>I would have invited you home. |

在表现在的假设条件从句里，有的动词要用过去进行时，与表将来的假设条件区别开来。例如：

㉑ If she were trying harder, her parents wouldn't be so anxious.（如果她努力一些，父母就不会这么着急了。）

通常表将来的假设条件还可以采用以下两种形式。

（1）“was to”或“were to”之后加动词原形。例如：

㉒ If it was to rain, the ropes would snap. They are far too tight.

（2）“should”后加动词原形。例如：

㉓ If a serious crisis should arise, the public would have to be informed of its full implications.

英语条件从句的引导词有“if”和“unless”等，其中，以“if”最为常用。不过，“if”并不起标记假设条件的作用，它不能用来区分假设条件和开放条件。而且，假设条件句可以不用条件从属词，而采用倒装的形式。例如：

㉔ Had I not seen it with my own eyes, I would not have believed it.（要不是我亲眼看见，我还不相信呢。）

该句可以还原为 if 引导的假设句：

㉔' If I had not seen it with my own eyes, I would not have believed it.

根据前面若干章节对于汉语虚拟范畴的总结，我们可以发现两种语言在这一范畴上表现的差异。英语是通过动词的时态变化辅以情态动词实现的，而汉语虽然没有动词变化形式，但是通过其他手段可以起到时间指示的作用，包括时间词语（时间名词、时间副词等）、指示词（这、那）、体态助词（了）以及否定命题形式。例如：

㉕ If they had asked me, I would have had to speak.

原句表达的意思是，他们那时没有问我，如果当时他们问我，我就必须说了。汉语要表达“had asked”的意思，应该添上表示过去的时间词语“当时”。在缺少时间词语的情况下，体态助词“了”则体现了相应的功能。当然，英语中有的原句本来就有时间词语。例如：

㉖ If I had been at home last night, I should have heard the noise.（昨天夜里我不在家，我要是在家的话，就会听见那响声了。）

由于时态后移，在一定情况下，英语中指现在或将来的假设条件句会与指过去的开放条件句外在形式相同。

㉗ If he found a patient listener, he would pour out his troubles.

但是在汉语中这种情况并不存在，这句话的两种不同解释也必须在汉语中用不同的形式。分别为：

㉘' 他那时只要找到耐心的听众，就会把自己的烦恼倾倒出来。
㉘" 如果他找到耐心的听众，就会把自己的烦恼倾倒出来。

（1）在表明句子的虚拟性质的时候，汉语的指示词也很重要。例如：

㉙ 如果巴乔踢进了那个点球，意大利队就可以进入半决赛。（If Baggio had made the goal, Italy could have entered the semi-final.）

㉚ 如果巴乔踢进了这个点球，意大利队就可以进入半决赛。

㉛ 如果巴乔踢进这个点球，意大利队就可以进入半决赛。（If Baggio makes the goal, Italy can enter the semi-final.）

例㉙的说话时间只能是在踢完点球以及比赛之后，实际情况是巴乔没有踢进那个点球，意大利队也没能进入半决赛。句子是对过去已然的假设，是违实假设，虚拟意义最强。例㉚可以发生在点球之前和点球之后的短时间内，实际情况是巴乔没有踢进点球，推断出意大利队应该进不了半决赛；也可以是巴乔还没踢，可能踢进也可能踢不进。例㉛只能是发生在点球之前，能不能踢进去，在说话时间点是个未知数。这三句相应的英文却没有指示代词 this 或 that 的区别，只有动词的时态变化。

（2）汉语中副词的使用也很重要。如：

㉜ If we had your phone number, we would have rang you up.（要是知道你的电话号码，我们早就给你打电话了。）

㉝ He would have finished his work, only that the electricity is cut off.（要不是停电，他早就把活干完了。）

英语中的“early”却不执行这样的功能。

㉞ If they would help us, we could finish early.
假如他们肯帮忙，我们很早就能干完。

又如与例⑲对应的汉语：

㉟他们要是有时间，就和我们一起在这儿了。
㊱他们要是有时间，就和我们在一起。

例㉟和例㊱的区别在于“了”这个体标记，有“了”表示完成，那整句话就是对已然的假设，是违实的虚拟，实际情况是：他们没有时间，因此现在没和我们在一起。

（3）还有否定式的作用。例如：

㊲ He wouldn’t be late unless he was ill.（要不是生病，他不会迟到的。）

真实情况是他生病了，因此他迟到了。

否定式假设在英语中也存在，只是不会与汉语的形式完全对应。一种是句子内部的“not”否定，另一种就是倒装句中固定了的结果，如“were it not for”，“had it not been for”，语义上相当于“要不是”。

## 8.3　具体句式比较

具体到各个语言中比较，以英语的假设句形式“had not been（were it not for）”与汉语的“要不是”为例，从它们的细微对比中可以找出英汉假设条件句内部同一语义范畴可能存在的差异。为什么选择“要不是”，是因为“要不是”比“如果”假设意义更强，等于“如果不是”，而“如果”加否定，很明确地与事实相反，并且在英语中有比较对应的句式。

（1）从基本意义上来说，“要不是”和“were it not for”、“had it not been for”都表示假设。例如：

① Were it not for AIDS, life expectancy among Africans would be about sixty-two years instead of forty-seven.（要不是艾滋病，非洲人的人均寿命会是62岁而不是47岁。）

这种假设都是违背事实的。艾滋病是客观存在的事实，非洲人的人均寿命是47岁而不是62岁。

② Had it not been for the alarm clock she wouldn’t have been late.（要不是因为闹钟不响的话，她就不会迟到了。）

事实是她迟到了。

（2）从形式上来说，它们都是否定式的假设。否定词分别是“不”和“not”。单从形式上来说，也有肯定形式的对应的假设。例如：

③ Had we made adequate preparations, we might have succeeded.（要是准备充分，我们可能成功的。）

并且它们都是位于句子的最前面，还可以变换为其他形式。又如：

④ Were it not for their assistance, we wouldn’t have got over the difficulties.（要不是有他们的帮助，这些困难我们是克服不了的。）

原句可以变换为：

④' If it were not for their assistance, we wouldn’t have got over the difficulties.（如果没有他们的帮助，这些困难我们是克服不了的。）

虽然在形式和意义上都有相似的地方，但它们却不是一一对等的关系。

从形式上来说，“要不是”应用更广。

“要不是”后面可以接名词、词组、短语、小句等。例如：

⑤要不是总理，你永远也见不到我了！

⑥要不是这顿打，要不是去朝鲜打了几天仗，他能混出个人样来么！

⑦要不是政策好，咱们这一家怎么能有今天这气势！

⑧要不是为了农工商，他才不会钻到车底下，又滚了一身油污呢。

⑨要不是听见天正和靠靠在窑背上说蝗虫的事，他也许还想不起破这个树根。

⑩要不是前两天上海城里刚刚开办了一个专门揭露“一贯道”反动属性的展览会，说实话，他们至今还不知“一贯道”是个什么样的东西呢！

而“were it not for”，“had it not been for”后面都只能接名词或者说名词性结构。例如：

⑪ Were it not for the doctor’s care, I should not be speaking to you.（要不是大夫的精心治疗，我现在都不能跟你说话了。）

⑫ Had it not been for the reservoir, we’d never have been able to beat the drought.（要不是有这座水库，我们就不可能战胜这次干旱。）

虽然语义上表达完整的事件、行为或动作，却也只能采用名词的形式。例如：

⑬ Were it not for the fact that my school is twenty miles away, I would walk there.（要不是我的学校离这儿有 20 英里远，我就步行去上学。）

（3）从意义上来说，“要不是”的内涵更丰富。

“要不是”可以是对已然的假设，也可以是对现在的假设。而已然的假设，必须用“had it not been for”，对现在的虚拟假设则是“were it not for”。

⑭ He would have sold the property long ago had it not been entailed.（要不是这些财产限定继承的话，他早就卖掉了。）

⑮ Had it not been for our adopted son, we would not now be surrounded by caring strangers who would help us hear the music again.（要不是我们的养子，我们周围现在就不会有这些充满关爱的陌生人，帮助我们再次听到这美妙的音乐。）

⑯ He really believed, that were it not for the inferiority of her connections, he should be in some danger.（他不由得一本正经地想到，要不是她的亲戚出身微贱，那就难免危险了。）

⑰ Were it not for this defect, I should hire him at once.（如果不是因为这个缺点，我会马上雇用他。）

“要不是 + 名词”结构还可以用“but for / only for / except for /in the absence of / without”替代。例如：

⑱ But for the spelling difficulties, English would be an easy language.（要不是拼写困难，英语就是一种容易学的语言了。）

⑲ It would be a dull world, except for peculiar persons.（要不是有些怪人物，世界就枯燥无味了。）

⑳ We could not have succeeded without your help.（要不是有你们的帮助，我们不可能取得成功。）

㉑ Only for my tea, I should have the headache.（要不是喝茶，我的头疼就该犯了。）

“要不是 + 小句”可以用“but that / except that / only that”等替代。

㉒ I would have gone to the party, except that I had a class.（要不是有课，我就参加聚会了。）

㉓ But that I saw it, I could not have believed it.（要不是亲眼所见，我是不会相信的。）

从具体实例的对比分析来看，汉语的假设引导词使用更灵活，形式覆盖更广，而意义上更具有包容性，可以说是以最简单的手段表达了更丰富的内容，充分体现了汉语的特点。

# 结　语

语言是意义与形式的结合体。意义是语言的内核，决定了语言将采取什么样的形式表现出来，反之，形式对意义也有制约作用。具体到假设性虚拟范畴，假设的性质、意义决定了假设句的形式。

（1）假设是对事件、行为、活动甚至理论等作出的一个命题，所以假设句中假设成分不能是单纯的名词性结构。单纯的名词性结构只能描述事物的性质及其属性等，不属于假设的基本内容。

（2）假设通常是由假设和结果两部分构成，所以假设句都有前项和后项。它是个复杂的命题，简单的命题不能构成假设句。因此，假设句都是复句或者是紧缩复句，这在很大程度上可以把专用于表达假设意义的词语的用法同其他词语的用法区别开来。

（3）假设是与现实完全对立的。现实是确定的，假设是不确定的；现实是肯定的，假设是否定的；现实多是立足现在的，而假设是关乎过去和将来的。因此，假设与时间标志词、否定形式关系紧密。因此时间词语的出现可以作为我们判断假设是可能假设还是违实假设的标准。假设的否定形式等于事实的肯定形式。

然而，汉语大量的语句中没有明确的标记来判断语句中所述情况属于现实还是假设，但是这并不会因此导致说汉语的人无法表达和理解非现实的语言范畴。不管汉语是使用虚词还是假设句式或者是通过上下文语境来表现，都毫无疑问可以满足人们交际的需要，跟印欧语系相比，汉语只是缺少屈折变化而已，更不会因此导致汉语使用者丧失虚拟思维的能力。有这种误解的人，只能说明他对于汉语极不了解。

当然如果是处于偏见或沙文主义，那就更不必说了。

然而，在国际语言学界，不少人认为人类语言是沿着一条阶梯式的道路发展的，从孤立语到黏着语再到屈折语，其中，最不完善的就是孤立型语言，而汉语正是孤立语的典型代表。他们认为汉语和梵语是最不完善和最完善的两个极端，所有其他语言都处于二者之间，它们或者更接近于前者，或者更接近于后者。有些语言在第一、第二阶段便停顿，有些语言发展到了第三阶段，只有达到最后一级的语言——梵语、希腊语、拉丁语等，才是最完美的语言。汉语由于没有屈折变化形式，在某些人眼里便沦落到了最低级的语言的地步。这样的一种理论已经被证明是极为荒谬的，有许多母语为英语的语言学家甚至认为，不依赖于形态变化的语言才是高级的语言，例如英语，事实上形态变化已不太丰富，正在向汉语靠拢，变得越来越高级。这两种说法都是不合适的。在我们看来，语言是个自我完善的系统，它在形式方面可能相对简单，但在另外一方面又可能相对复杂，不同的语言有着不同的特点和规律，有着自己的语法结构和表达方式，以此满足使用者交际的需要，不存在谁优谁劣之分。就拿虚拟范畴来说，作为现在使用最广、影响最大的英语，它的屈折变化远远比不上拉丁语复杂。这反映了人类语言的发展趋势——既满足需要又尽量简明。

总结前文，本研究主要的创新点在于：

（1）近年来在汉语语法研究中对于范畴的研究越来越多，比如“时间范畴”、“否定范畴”、“工具范畴”、“比较范畴”、“致使范畴”等等。这些范畴的研究都具有一定的历史基础。而本书则比较明确地提出了现代汉语“虚拟”这一“语义—句法”范畴，并且从内部语义和句法形式对其进行了具体的分析。

（2）根据不同的语言功能和表现，把“虚拟范畴”细分为四种，并且对其中意义最重要、形式最丰富的假设性虚拟范畴作了详细分析。本书运用语义特征分析法区分了长久以来纠缠不清的“假设”、“条件”、“因果”、“转折”等概念。从它们的差异中我们可以更加清晰地了解“假设”的性质。

（3）采用双视点方法，从假设复句前后项语义关系入手，比较准确地解释了假设句中的各种情况，尤其是可能假设和违实假设的关系与差异。“可能”和“违实”是假设的内核意义的两种表现。

（4）探讨了“虚拟”与“时间”、“否定”等的关系，揭示了时间因素和否定因素在假设性虚拟范畴中的特殊作用，并且标明了从这两种因素中显现出来的假设句和现实句在形式上的对立。

（5）探讨了典型假设句与非典型假设句的类别、性质和特点。比较全面地介绍了假设句可能表现的所有句法形式，并建立起假设句的基本类型。着重语义分析，要求形式验证。运用时、体等概念对假设句进行分析，并得出比较新颖而有创意的结论。

然而，由于水平、精力和时间的限制，本研究还有不少有待改进之处。主要表现在：

（1）语法研究要达到“观察充分性”、“描写充分性”和“解释充分性”的要求才是完善的语法研究。然而，本研究虽然有观察，有描写也有解释，但远远算不上“充分”。语言材料浩如烟海，从语义入手力图穷尽地寻找到语言表现形式需要更细致的观察和更全面的描写，从中展现出来的问题则需要更深入的理论思考才能解决。尤其是从语义入手，把语言材料进行归类时，时常会发现有些没有形式标记的表达方式，很难做到形式和意义完全对应，并且无法对其作出解释，只能归结为语言本身的开放性和善变性。

（2）语法是一个复杂的、立体的系统网络，几乎每一个语法现象都会涉及语义、句法与语用这三个平面。因此，必须进行三个平面的交叉研究，从而体现语义的决定性、句法的强制性和语用的选择性。然而，本书对于假设性虚拟范畴在语用方面的解释有些欠缺，不免有些给人立足不稳之感。

（3）语言的历时和共时研究是语言研究的两个方面。语言都是有历史的，是动态的，不是静态的、凭空捏造出来的。现代汉语也是一样，不管是句法还是词语，都有着历时发展的轨迹。假设句中很多来自古汉语的用法，以及表达假设的词语中有着语法化的足迹，但是本书没有进一步考察古汉语和近代汉语对假设句的使用情况，不能不说是种缺憾。

除此之外，由于本人所掌握的材料有限，引用前辈和同行学者的成果也不全面，故谬误在所难免，恳请各位专家批评指正。

# 参考文献

[1] Bloom, Alfred H., 1981, *The Linguistic Shaping of Thought: A Study in the Impact of Language on Thinking in China and the West*, Hilldale: Lawrence Erlbaum Associates, Publishers.

[2] Comrie, B., 1976*, Aspect,* Cambridge: Cambridge University Press.

[3] Fauconnier, Gilles & Sweetser, Eve (eds.), 1996, *Spaces, Worlds and Grammar*, Chicago: The University of Chicago Press.

[4] Francis, James, 1986, *Semantics of the English Subjunctive*, Vancouver: University of British Columbia Press.

[5] Jackson, Frank, 1987, *Conditionals*, Oxford: Basil Blackwell.

[6] Lewis, David, 1973, *Counterfactuals*, Cambridge: Harvard University Press.

[7] Quirk, Randolph, Greenbaum, Sidney, Leech, Geoffrey & Svartivik, Jan, 1985, *A Comprehensive Grammar of the English Language*, London: Longman.

[8] Iatridou, Sabine, 2000, The Grammatical Ingredients of Counter-factuality, *Linguistic Inquiry*, 31(2).

[9] Traugott, Elizabeth Closs., TerMeulen, Alice, Reilly, Judy Snitzer & Ferguson, Charles A. (eds), 1986, *On Conditionals,* Cambridge: Cambridge University Press.

[10] 陈保亚．语言哲学的文本解释与结构解释．北京大学学报，2002（6）．

[11] 陈高春．实用汉语语法大辞典．北京：职工教育出版社，1989.

［12］陈国华．英汉假设条件句比较．外语教学与研究，1988（1）．
［13］陈嘉映．语言哲学．北京：北京大学出版社，2003．
［14］陈平．释汉语中与名词性成分相关的四组概念．中国语文，1987（2）．
［15］陈平．论现代汉语时间系统的三元结构．中国语文，1988（6）．
［16］陈颖．现代汉语假设分句末尾的"吧"和"呢"．四川师范大学学报，2001（1）．
［17］戴耀晶．试论现代汉语的否定范畴．语言教学与研究，2000（3）．
［18］高登亮，李燕．英语条件句及其翻译．延边大学学报，1999（3）．
［19］龚千炎．谈现代汉语的时制表示和时态表达系统．中国语文，1991（4）．
［20］靳焱，倪兰．浅谈否定标记"不"和"没（有）"．新疆师范大学学报，2002（3）．
［21］金立鑫．试论"了"的时体特征．语言教学与研究，1998（1）．
［22］何善芬．英汉语言对比研究．上海：上海外语教育出版社，2002．
［23］黎锦熙．新著国语文法．北京：商务印书馆，1924/1951．
［24］林裕文．汉语知识讲话．上海：上海教育出版社，1987．
［25］刘勋宁．现代汉语句尾"了"的语法意义及其解说．世界汉语教学，2002（3）．
［26］吕叔湘．中国文法要略．北京：商务印书馆，1942/1985．
［27］吕叔湘．现代汉语八百词．北京：商务印书馆，1999．
［28］吕叔湘等著，马庆株编．语法研究入门．北京：商务印书馆，1999．
［29］吕叔湘，王海棻．马氏文通读本．上海：上海教育出版社，1986．
［30］马庆株．汉语语义语法范畴问题．北京：北京语言文化大学

出版社，1998.

［31］梅立崇．现代汉语的“即使”假言句．世界汉语教学，1995（1）．

［32］《普通逻辑》编写组．普通逻辑．上海：上海人民出版社，1993.

［33］聂仁发．否定词“不”与“没有”的语义特征及其时间意义．汉语学习，2001（1）．

［34］潘文国．汉英语对比纲要．北京：北京语言文化大学出版社，1997.

［35］齐沪扬，张谊生，陈昌来．现代汉语虚词研究综述．合肥：安徽教育出版社，2002.

［36］钱乃荣．上海方言中的虚拟句．方言，2004（2）．

［37］邵敬敏．汉语语法的立体研究．北京：商务印书馆，2000.

［38］邵敬敏．现代汉语通论．上海：上海教育出版社，2001.

［39］邵敬敏，任芝锳，李家树．汉语语法专题研究．桂林：广西师范大学出版社，2003.

［40］邵敬敏．“语义语法”说略．暨南学报（哲学社会科学版），2004（1）．

［41］邵京．语言差别与思维差异——汉英反事实假设研究综述．外语教学与研究，1988（1）．

［42］史锡尧．“不”否定的对象和“不”的位置．汉语学习，1995（1）．

［43］石毓智．肯定和否定的对称与不对称．北京：北京语言文化大学出版社，2001.

［44］石毓智．判断词“是”构成连词的概念基础．汉语学习，2005（10）．

［45］司联合．英语虚拟式语义的认知研究．山东外语教学，2004（2）．

［46］孙鸿仁．英语虚拟式探讨：从时态意义看虚拟语式类型．外国语，1996（2）．

［47］太田辰夫．中国语历史文法．蒋绍愚，徐昌华译．北京：北京大学出版社，2003.

［48］邢向东．陕北晋语语法比较研究．北京：商务印书馆，2006.

［49］王维贤．现代汉语复句新解．上海：华东师范大学出版社，1994.

［50］王力．中国现代语法．北京：商务印书馆，1943/1985.

［51］王远新．论语言的形式与语言的"优劣"．世界民族，2003（5）.

［52］邢福义．复句和关联词语．哈尔滨：黑龙江人民出版社，1985.

［53］邢福义．汉语复句研究．北京：商务印书馆，2001.

［54］蒋严．汉语条件句的违实解释．中国语文杂志社编．语法研究与探索 10. 北京：商务印书馆，2000.

［55］蒋勇．虚拟思维在会话中的功能．外语学刊，2004（3）.

［56］亚里士多德．范畴篇·解释篇．北京：商务印书馆，1959.

［57］杨年保．关于假设句、让步句、条件句．云梦学刊，2003（5）.

［58］叶蜚声，徐通锵．语言学纲要．北京：北京大学出版社，1997.

［59］［丹］奥托·叶斯柏森．语法哲学．何勇等译．北京：语文出版社，1998.

［60］徐李洁．英汉条件句：if 与"如果"和"如果说"．外国语，2004（3）.

［61］张道真．实用英语语法．北京：商务印书馆，1994.

［62］张济卿．论现代汉语的时制与体结构．语文研究，1998（3~4）.

［63］张谊生．现代汉语副词研究．上海：学林出版社，2000.

［64］赵世开．汉英对比语法论集．上海：上海外语教育出版社，1999.

［65］赵元任．汉语口语语法．北京：商务印书馆，1979.

［66］周国光，张林林．现代汉语语法理论与方法．广州：广东高

等教育出版社，2003.

[67] 周小兵. 限定副词“只”和“就”. 烟台大学学报，1991(3).

[68] 中国社会科学院语言研究所词典编辑室. 现代汉语词典. 北京：商务印书馆，2005.